blv sportpraxis

201 richtig fußballspielen
202 richtig segeln
203 richtig segelsurfen
204 richtig tennisspielen 1
205 richtig skifahren 1
206 richtig skilanglaufen 1
207 richtig radfahren
208 richtig rock'n roll tanzen
209 richtig selbstverteidigen
210 richtig jogging · dauerlaufen
211 richtig tischtennisspielen
212 richtig reiten
213 richtig eislaufen
214 richtig leichtathletik
215 richtig volleyballspielen
216 richtig handballspielen
217 richtig fitnesstraining
218 richtig skikonditionsgymnastik
219 richtig autofahren · rallyefahren
220 jugend-reiterabzeichen
221 richtig angeln
222 richtig bergsteigen
223 richtig schwimmen
224 richtig skifahren 2
225 richtig tauchen
226 richtig badmintonspielen
227 richtig basketballspielen
228 richtig konditionsgymnastik
230 richtig skilanglaufen 2
232 richtig tennisspielen 2
233 richtig karate 1
234 richtig muskeltraining
235 richtig turnierreiten
236 deutsche skischule
237 richtig jugendtennis
238 richtig fitnessgymnastik
239 richtig fahrtensegeln
240 richtig squash
241 richtig yoga
242 spielregeln leicht verständlich
243 richtig funboard-surfen
244 richtig pistolenschießen
245 richtig wildwasserfahren
246 fußballregeln leicht verständlich
247 richtig stretching
248 richtig taekwondo
249 richtig rennradfahren
251 richtig karate 2
252 tennisregeln leicht verständlich
253 volleyballregeln leicht verständlich

blv sportwissen

401 Konditionstraining
402 Konditionstests
403 Sportmechanik
404 Tennis-Fitness
405 Kindertraining
406 Techniktraining
407 Krafttraining
408 Bergsporttraining
409 Fußball
410 Sporternährung
411 Praxis der Sportpsychologie
412 Methodik und Didaktik im Sport
413 Sportgeschichte
414 Leistungssteuerung in Training und Wettkampf
415 Die sportliche Bewegung

DUNLOP
DUNLOP
DUNLOP
Deutschl

blv sportpraxis

tennisregeln leicht verständlich

Regeln · Ranglisten · Turniere

Dieter Birkner

BLV Verlagsgesellschaft
München Wien Zürich

CIP-Kurztitelaufnahme der Deutschen Bibliothek

Birkner, Dieter:
Tennisregeln leicht verständlich / Dieter Birkner. [Grafik: Barbara von Damnitz]. München; Wien; Zürich:
BLV Verl.-Ges., 1987.
(blv sportpraxis; 252)
ISBN 3-405-13456-0

NE: GT

Bildnachweis
Alle Fotos Dieter Birkner
außer Paul Zimmer S. 110
Grafik: Barbara von Damnitz
Titelbild: Dieter Birkner

blv sportpraxis 252

Satz und Druck: Georg Appl, Wemding
Buchbinder: Großbuchbinderei Monheim

Printed in Germany · ISBN 3-405-13456-0

Literaturnachweis

BAYERISCHER TENNISVERBAND (Hrsg.): Tennis; Wettkampf- und Turnierfibel 40:15 oder 30 beide? Verlag Sigi Land, München 1982.
BIRKNER, D.: Spielregeln leicht verständlich; Tennis, Tischtennis, Squash, Badminton. BLV Verlag, München 1985.
CLERICI, G.: 500 Jahre Tennis. Ullstein, Berlin 1979.
DEUTSCHER TENNIS BUND: Organisation 1986. Hannover.
DEUTSCHER TENNIS BUND: Tennis Lehrplan 1–5. BLV Verlag, München.
DEUTSCHER TENNIS BUND: Tennis-Jahrbuch 1987. Hannover.
GRUBE, F./F. RICHTER: Das große Buch vom Tennis. Hofmann und Campe, Hamburg 1982.
HARTMANN, O.: Der Schiedsrichter im DTB, O. Klokow, Lübeck 1984.
HENKEL, D.: (Hrsg.): Tennis Lexikon. Delphin, München 1986.
LEBECK, R.: Auf- und Rückschläge, aus den Kindertagen des Tennis. Harenberg, Dortmund 1982.
MATHYS, F. K.: Die Ballspiele, eine Kulturgeschichte in Bildern. Harenberg, Dortmund 1983.
MEN'S INTERNATIONAL PROFESSIONAL TENNIS COUNCIL: Official MIPTC Yearbook. USA 1986, 1987.
SCHOLL, P.: richtig tennisspielen 1, Grundschläge und Spiel. BLV Verlag, München 1986.
SCHOLL, P.: richtig tennisspielen 2, Wettkampftennis. BLV Verlag, München 1983.

Zeitschriften

Tennis Magazin. top special Verlag. Hamburg.
Deutsche Tenniszeitung. Sportverlag Schmidt + Dreisilker. Sindelfingen.

Inhaltsverzeichnis

Vorwort

In den letzten Jahren wurde durch Spitzenspieler wie Steffi Graf und Boris Becker in Deutschland ein ungeheurer Tennisboom ausgelöst. Diese Entwicklung führte auch dazu, daß sich viele Menschen mit dem »weißen Sport« beschäftigen, ohne jedoch mit den Grundkenntnissen dieser interessanten Sportart ausreichend vertraut zu sein. Meine Erfahrung als Schiedsrichter hat mir gezeigt, daß häufig sogar aktive Spieler und Betreuer, aber auch Journalisten und Funktionäre nur teilweise die unbedingt erforderlichen Regelkenntnisse besitzen, und dann in schwierigen oder ungewöhnlichen Situationen oft ratlos sind. Dies führt zwangsläufig immer wieder zu Komplikationen und auch zu Streitfällen, die bei Regelsicherheit vermieden werden können.
Mit diesem Buch ist es gelungen, die wichtigsten Tennisregeln sowie auch die Turnierszene auf nationaler und internationaler Ebene jedermann zugänglich und verständlich zu machen. Ich habe mich bemüht, dabei meine Erfahrung als langjähriger internationaler Schiedsrichter mit einzubringen.
Die Regeln dieser Sportart und die sogenannten Tournament Regulations sind viel umfangreicher und differenzierter als viele glauben; deshalb sind sie auf den nun folgenden Seiten knapp und leichtverständlich beschrieben und erklärt. So ist »Tennisregeln leicht verständlich« als Leitfaden und Nachschlagewerk für den Anfänger, Turnierspieler, Trainer, Journalisten und auch für Schieds- und Linienrichter und solche, die es werden wollen, eine gute Hilfe.
Wie ich auf vielen Turnieren feststellen konnte, sind Fachkenntnisse, Erfahrungen sowie auch viel Fingerspitzengefühl notwendig, um die Spiele der internationalen Spitzenklasse vor hohen und vollen Zuschauerrängen mit Hilfe der zur Verfügung stehenden Regelbestimmungen abzuwickeln. Ohne Regeln und Bestimmungen wären weder das Freundschaftsspiel im Verein noch ein Grand-Slam-Turnier durchführbar.
Ich wünsche diesem Buch viel Erfolg und hoffe, daß Sie als Leser Nutzen für sich und Ihr Spiel daraus ziehen.

Rudolf Berger
MIPTC Official

Der Zweck dieses Taschenbuches ist es, dem interessierten Leser eine handliche Zusammenfassung aller wichtigen Informationen zu geben - sowohl für das eigene Tennisspiel als auch für die Beobachtung und Beurteilung der Wettkampf- und Turnierszene. Die meisten Bücher über Tennis behandeln ausschließlich die Technik und Taktik, den Wettkampf und das Training. Regelkunde, Wettbewerbsvorschriften und Organisationsstrukturen sind nur in Fachbüchern mit geringer Auflage und teilweise in englischer Sprache zu finden. Für den Tennisspieler ist beides, Technik und Regel wichtig. So spielt für den Erfolg in einem Match die Kenntnis der Regelbestimmungen zum Aufschlag u. U. eine ebenso große Rolle wie die perfekte Ausführung eines Aufschlags.
Nun gibt es wie gesagt Bücher und Broschüren, in denen das Notwendige enthalten ist. Das offizielle Regelwerk für das Tennisspiel wird von der Internationalen Tennis Föderation veröffentlicht; der Deutsche Tennis Bund gibt eine deutsche Ausgabe der Tennisregeln heraus; im Jahrbuch des DTB sind Wettkampfregeln und Wettbewerbsbestimmungen zusammengefaßt; das Men's International Professional Tennis Council behandelt in seinem Yearbook alle organisatorischen Fragen. Diese Texte sind aber von Experten für Experten verfaßt. Deshalb muß mancher Laie die teilweise komplizierten Texte mehrmals lesen, um sie zu verstehen. Nachdem aber die meisten Tennisspieler Spaß am Spiel und nicht Mühe mit dem Regelstudium haben wollen, wird hier versucht, einen leicht verständlichen Leitfaden durch Regeln und Organisation des Tennis zu geben.
Es wird aber darauf hingewiesen, daß dieses Buch nicht die offiziellen Regelwerke ersetzen kann. Der Sinn ist, diese zu ergänzen, zu erläutern und, wo sinnvoll, durch Illustrationen zu verdeutlichen. Im übrigen wird empfohlen, sich beim Deutschen Tennis Bund oder den jeweiligen Landesverbänden die einschlägigen Regeln und Bestimmungen zu besorgen. Hier wurden die Formulierungen der offiziellen Regeln verwendet, wo es sinnvoll und möglich erschien. Niemals aber sind die Bestimmungen in ihren Aussagen verändert worden. Dabei wurde der Grundsatz: so nah am Originaltext wie nötig und so verständlich wie möglich, beachtet.
Die Regeln selbst wurden weitgehend einem sinnvollen Aufbauschema angepaßt.
Tennis als Rückschlagsportart hat eine natürliche »Dramaturgie«. Voraussetzungen sind Spielplatz und Spielgeräte. Als erstes wird der Ball ins Spiel gebracht, der Gegner macht einen Rückschlag und dann entwickelt sich ein Ballwechsel; ein Fehler beendet den

Ballwechsel, was sich zuletzt auf das Spielergebnis auswirkt. Dieser Chronologie ist die Gliederung der Abschnitte bei den Spielregeln nachempfunden:

1. Spielfeld und Ausrüstung
2. Den Ball ins Spiel bringen
3. Rückschlag
4. Ballwechsel
5. Zählweise.

Dadurch ergibt sich ein zum Original wesentlicher Unterschied.
Die Fallbeispiele, die zu jeweils wichtigen Spielphasen zusammengestellt wurden, erheben natürlich keinen Anspruch auf Vollzähligkeit. Sie sollen nur einige schwierige oder strittige Situationen verdeutlichen. Im rückwärtigen Teil des Buches ist einiges beschrieben, was über das Regelwerk hinausführt, aber für viele Tennisfans interessant sein kann. Nicht erst seit den großartigen Erfolgen von Steffi Graf und Boris Becker ist Tennis ein Sport für alle Medien, besonders für das Fernsehen, geworden. Professionalisierung und Kommerzialisierung waren die Folge. Kapitel über den Tennis-Zirkus, Ranglisten und Verhaltenskodex vermitteln Basiswissen für jeden.
Nachdem eine begrenzte Seitenzahl bei diesem umfangreichen Thema zwangsläufig zu Verkürzungen und Weglassen einiger Einzelheiten führen muß, ist sicher, daß nicht jede auftauchende Frage durch dieses Büchlein beantwortet werden kann. Verlag und Verfasser sind aber dankbar für jede Anregung von engagierten Tennisspielern oder solchen, die es werden wollen.

Tennis-Szene in einem Ballhaus des Mittelalters.

Die Ursprünge des Tennispiels liegen weitgehend im Nebel grauer Vorzeit. Außerdem waren in vielen Kulturen, verteilt über die ganze Erde, Spiele ausgeübt worden, die in irgendeiner Weise in ihrer Spielidee oder mit ihren Spielgeräten auf spätere Schlägersportarten hinwiesen. Trotzdem lassen sich aber einige wichtige Quellen finden, die die Bedeutung dieses Spiels in vielen Ländern Europas vor allem im 14. und 15. Jahrhundert belegen. Eine besondere Stellung nehmen dabei Italien und Frankreich ein. Das italienische Pallone und das französische Jeu de Paume sind sicher die Ahnen des heutigen Tennis. Der Name »Pallone« deutet daraufhin, daß der aus Lederstücken genähte Ball mit der bloßen oder handschuhgeschützten Hand geschlagen wurde. Antonio Scaino, ein Italiener, war der erste, der die bis dahin mündlich überlieferten, zahlreichen Regelvarianten zusammenfaßte und die damals gängigen Ballspiele in einer Abhandlung beschrieb. Das war im Jahre 1555, zu einer Zeit als Pallone schon etwa 200 Jahre in Italien verbreitet war. Es ist etwas schwierig, aus den vorhandenen Quellen die dem heutigen Tennis ähnlichste Variante herauszufinden. Tatsächlich bestanden eine Vielzahl von regional und zeitlich unterschiedlichen Regelvarianten und -änderungen. Jedenfalls gab es bei dem Spiel, das wir als nächsten Vorläufer des Tennis bezeichnen, offensichtlich folgende prinzipielle Möglichkeiten:

- Teilnehmer: Zwei bis drei Personen, wobei sowohl Einzelspiele (also einer gegen einen) als auch Überzahlspiele (z. B. zwei gegen einen) möglich waren.

- Bälle: Es wurde mit unterschiedlichsten Bällen gespielt. Im wesentlichen gab es den größeren, leichtern, luftgefüllten »Pallone« oder einen kleineren, harten Ball.
- Schlaggeräte: Ursprünglich wurde das Spiel mit der bloßen Hand betrieben. Vor allem der harte Ball erforderte aber einen Schutz der Hand, der mit einer manschettenartigen Konstruktion der »Bracciale« erreicht wurde. Zunehmend wurde aber ein »Racket« verwendet.
- Platzbauweise: Die Platzmaße differierten von Handballfeld- bis Federballfeldgröße, je nachdem, ob es sich um das Spiel im Freien (Pallone und Jeu de longue Paume) bzw. in der Halle (Jeu de courte Paume oder Royal Tennis) handelte.

Von Frankreich aus nahm Tennis seinen Siegeszug über die Niederlande nach England. Wann und wie das geschah, darüber sind sich die Chronisten nicht ganz einig. Fest steht, daß bereits im 15. Jahrhundert »Royal Tennis« (Real Tennis) eine feste Größe im gesellschaftlichen Leben des englischen Königreichs war. Das Spiel hatte sich vom Balltreiben mit der Handfläche zu einem Schlägerspiel mit komplizierten Regeln in der Halle entwikkelt. Die Ausmaße des Platzes waren mit 30 m × 20 m den heutigen sehr ähnlich.

Im 17. Jahrhundert verlor das Spiel zunehmend an Bedeutung; in Frankreich rollte die Revolution, die in einem der vielen Ballhäuser in Paris ausgerufen wurde, darüber hinweg, und auch anderswo geriet das gute alte Spiel in Mißkredit. Bis ein gewisser Walter Clopton Wingfield im Jahre 1873 die Idee hatte, mit Schlägern, einem Netz, mehreren Bällen und vage formulierten Spielregeln ein von ihm erfundenes Spiel zu vermarkten, das den Fantasienamen Sphairistike trug. Da es ihm mehr um das Geld ging, das er für die Ausrüstung verlangte (immerhin 5 Pfund und 5 Schilling), war er gerne einverstanden, als ein Gremium von Sachverständigen des alten Royal Tennis seine diffusen Regeln verbesserte und präzisierte. So entstand am Ende das Lawn Tennis, wie es im Prinzip heute weltweit nach überall gleichen Regeln gespielt wird.

Freude am Umgang mit Ball und Schläger und am Spiel mit einem Gegner.

Tennis ist ein Spiel, bei dem als Einzelspiel (einer gegen einen) oder Doppelspiel (zwei gegen zwei) auf einem relativ großen Spielfeld ein filzbezogener Ball mit Hilfe von Schlägern über ein Netz hin- und hergeschlagen wird.
Das Hin- und-her-Schlagen wird Ballwechsel genannt. Ziel eines Ballwechsels ist es, den Gegner den Regeln entsprechend so an- oder auszuspielen, daß er den Ball nicht mehr oder nur fehlerhaft retournieren kann. Das kann durch harte, trickreiche oder auch konstante Spielweise geschehen.
Durch das besondere Verhältnis von Spielfeldgröße, Schlägerbauweise und Ballart kommt bei ausreichendem Spielkönnen ein optisch sehr attraktives Spiel zustande, das an den Spieler in körperlicher und geistiger Hinsicht große Anforderungen stellt.
Tennis ist eine Individualsportart, in der nicht nur jeder für seine Leistung und das daraus resultierende Ergebnis selbst verantwortlich ist, sondern auch der einzelne viel stärker als in Mannschaftssportarten physisch und psychisch belastet wird. Beim Tennis kann der Spieler nicht bei Erschöpfung dem Ball möglichst aus dem Weg gehen, oder er kann bei Unsicherheit nicht den Ball schnell an einen Mitspieler abspielen. Um das Spiel aufrecht zu erhalten, muß man aktiv sein.
Tennis ist ein Rückschlagspiel; der

Ball kommt unweigerlich zurück, wenn er nicht gut genug über das Netz gespielt wurde (oder wenn der Gegner aus anderen Gründen den Ball nicht richtig trifft). Und dann muß der Spieler mit dem Ball etwas unternehmen; am besten eben möglichst hart oder raffiniert oder sicher oder aber hart, raffiniert und sicher zurückspielen.
Das ist aber nicht so einfach, wie es beispielsweise Jimmy Connors einmal auf die Frage nach dem Geheimnis seines Erfolges ausgedrückt haben soll. Er sagte:»Ich hasse die kleine Filzkugel. Deshalb schlage ich sie möglichst schnell meinem Gegner ins Feld zurück, so daß er sie nicht mehr zurückbringt«.
Tennis hat eine einmalige Zählweise. Kurios wirkt für den Laien zunächst, daß 15, 30, 40 gezählt wird, bevor ein Spiel gewonnen ist. Das ist aber eine reine Äußerlichkeit, auf die später noch näher eingegangen wird. Entscheidender ist, daß man mit einem anscheinend hoffnungslosen Rückstand von 0 : 6, 0 : 5 noch das Match gewinnen kann. Schon vielen mit Mut und Einsatzwillen ist das scheinbar Unmögliche noch gelungen.
Mit der Zählweise hängt die Spieldauer zusammen. Während ein Eishockeyspiel nach 60 Minuten unweigerlich zu Ende ist, kann ein Tennismatch theoretisch unendlich dauern. Nachdem ein Spiel erst entschieden ist, wenn ein Spieler zwei Punkte mehr als der Gegner erreicht hat, kann immer wieder Gleichstand erzielt werden. Für das Ergebnis in einem Satz gilt das gleiche. Am Ende aber gibt es immer nur einen Sieger: Tennis, wie alle Rückschlagspiele, kennt kein Unentschieden.
Tennis ist sowohl ein Ballspiel als auch eine Schlägersportart. Das macht es besonders schwierig. Einerseits ist der Ballkontakt extrem kurz (in Bruchteilen einer Sekunde entscheidet sich Weite und Richtung des Ballfluges) andererseits kann der Ball enorm beschleunigt werden (bis zu 250 km/h beim Aufschlag). Die richtige Koordination von Schläger-, Ball- und Körperbewegung ist das Geheimnis der guten Spieler.
All diese Besonderheiten sagen aber natürlich nichts über die Faszination aus, die das Tennisspiel auf fast alle jene ausübt, die einmal die Grundzüge des Tennis erlernt haben. Je nach Alter, Geschlecht und Persönlichkeit kann der Tennissport vieles bieten: entweder als Gesellschaftssport zur Beschäftigung und Unterhaltung oder als Leistungssport für Ehrgeizige oder gar als Broterwerb für erfolgreiche Spitzenspieler.
Allen aber sei geraten, zu bedenken, daß es ein Spiel ist und Spaß machen soll. Es dient weder dem Erfolg im Spiel noch der Freude am Spiel, wenn geschrieen oder Gegner und Schläger beschimpft werden, denn Schuld ist man immer selbst.

Schon für das einfachste Kinderspiel müssen sich die beteiligten Spieler auf gültige Spielregeln einigen. Ohne Festlegung und Beachtung solcher Regeln kann kein Spiel funktionieren. Für Sportspiele wie Tennis gilt das sogar ganz besonders.
Das Tennis-Regelwerk hat sich in einer langen Zeitspanne entwickelt und optimiert. Heute ist die Internationale Tennis Föderation (ITF) die Instanz, die die Regelbestimmungen veröffentlicht. Das geschieht in englischer Sprache. Aufbau und Reihenfolge der einzelnen Paragraphen ist vermutlich im Laufe der Zeit durch Verbesserungen und Ergänzungen in der jetzigen Fassung entstanden. Nachdem die Abfolge der Abschnitte teilweise willkürlich und die sprachliche Form nicht immer verständlich erscheint, wird hier versucht, den Inhalt dem realen Spielablauf entsprechend zu gliedern und verständliche Formulierungen zu gebrauchen. Die Regeln beginnen mit den für das Spiel notwendigen Voraussetzungen: der Ausrüstung und dem Spielfeld.

Der Tennisplatz

Die besonderen Anforderungen und die damit verbundenen Anschaffungskosten, die an einen guten Tennisplatz seit jeher gestellt wurden, waren schon immer relativ hoch. Vielleicht ist das einer der Gründe, warum Tennis noch bis vor kurzem als ein Sport für »betuchte« Gesellschaftsschichten galt. Auch heute ist die Errichtung einer Tennisanlage mit hohen Kosten verbunden. Ein sogenannter Tennenplatz (der eine rote Sandauflage hat) kostet ca. 20 000 – 30 000 DM, und mit einem Platz allein ist es ja meist nicht getan. Zudem braucht ein solches Spielfeld zu Beginn jeder Sommersaison intensive Pflege, die sich dann im Verlauf des Sommers nicht nur auf Abziehen des Platzes beschränken sollte.
Besser zu handhaben sind da die Kunststoff- oder Asphaltplätze, die außerdem den Vorteil haben, nach Regen eher wieder bespielbar zu sein. Allerdings sind sie in der Anschaffung noch teurer.
Gänzlich wetterunabhängig sind natürlich die Hallenplätze, die heute mit verschiedenen Kunststoff- oder Teppichböden, vereinzelt auch schon mit besonderen sandähnlichen Materialien belegt sind. Es versteht sich allerdings von selbst, daß für einen Hallenplatz der schon erwähnte Betrag von 30 000 DM nicht ausreicht.
Die Linien des Spielfeldes sind je nach Art des Untergrundes unterschiedlich ausgeführt. Auf Asphaltplätzen sind die Linien in der Regel mit weißer Farbe aufgetragen. Bei Sandplätzen werden meist besondere Kunststoffbänder aufgenagelt. Hier sind auch während einer Saison immer wieder

Spielfeld

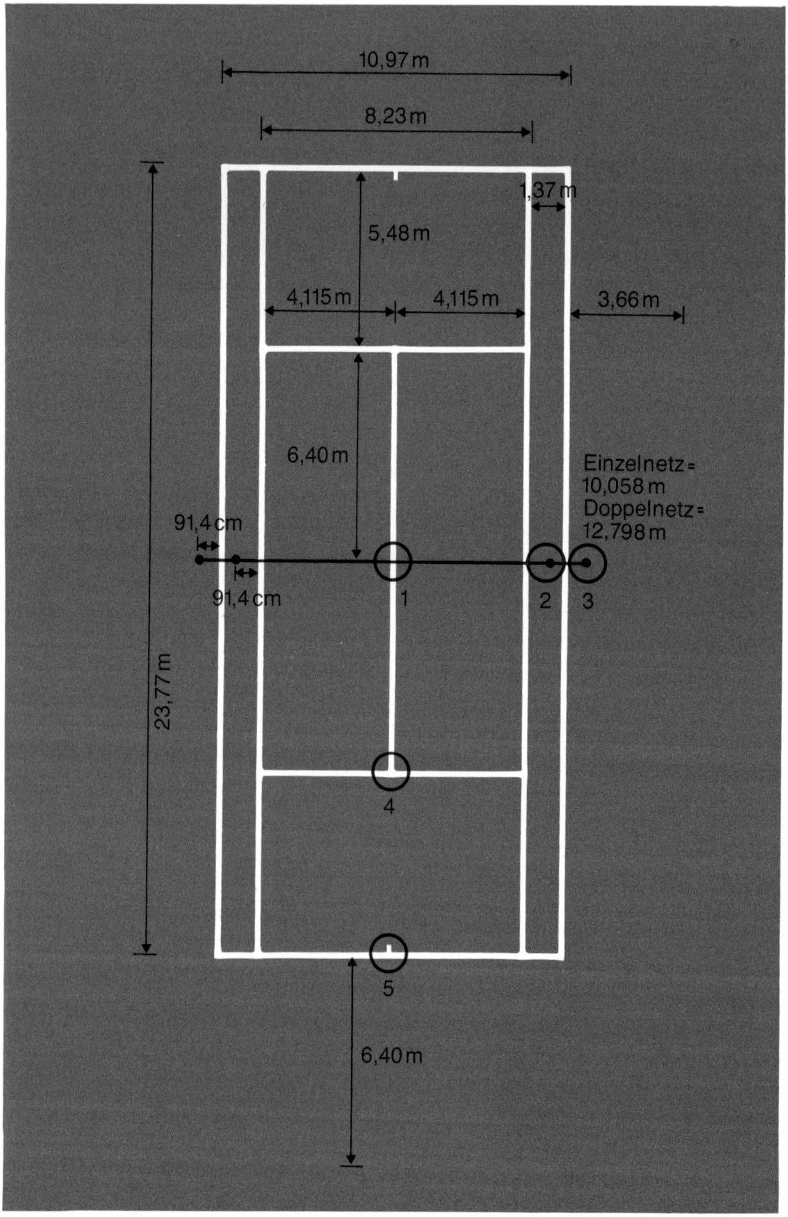
10,97 m
8,23 m
1,37 m
5,48 m
4,115 m
4,115 m
3,66 m
6,40 m
Einzelnetz =
10,058 m
Doppelnetz =
12,798 m
91,4 cm
91,4 cm
1
2
3
23,77 m
4
5
6,40 m

Wichtige Maße

(1) Netzband und Netzgurt (Netzhalter)

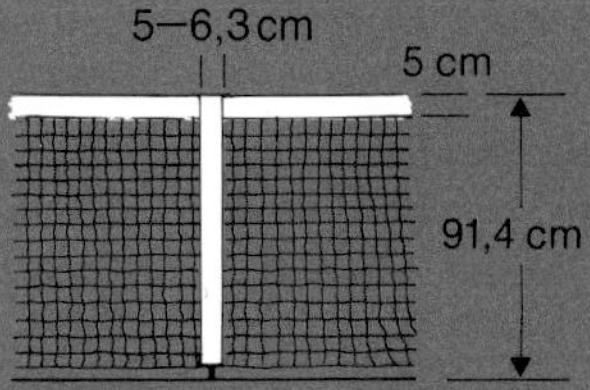

(2) Einzelstützen

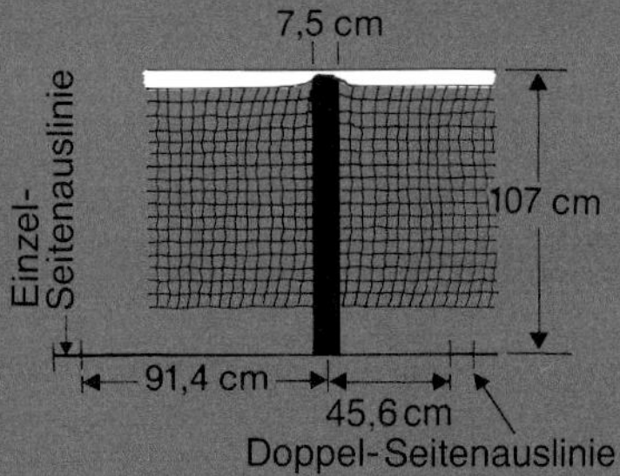

(3) Pfosten und Netzkabel

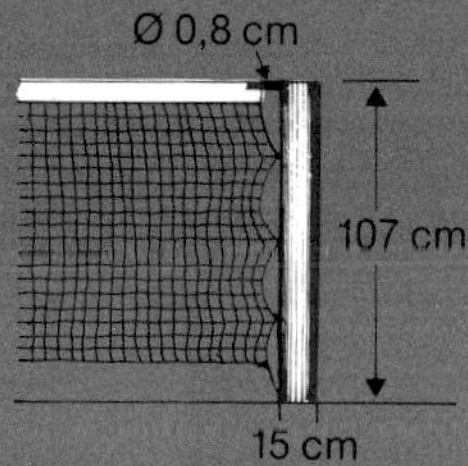

(4) Aufschlaglinie und Aufschlagmittellinie

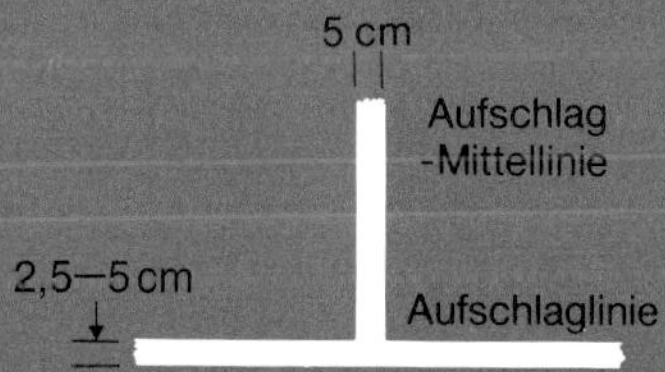

(5) Grundlinie und Mittelzeichen

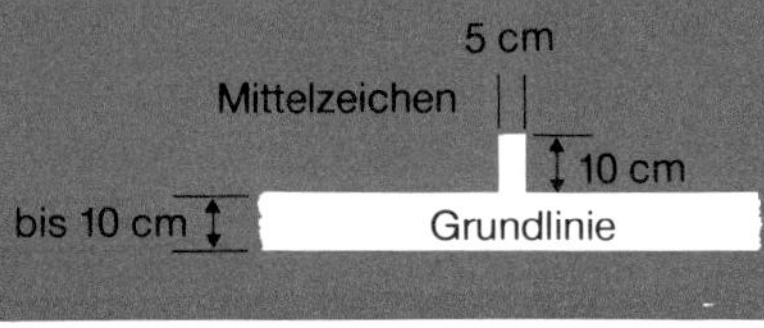

Reparaturen notwendig. Wegen der Verletzungsgefahr sollten diese Linien regelmäßig kontrolliert und gewartet werden.
In wenigen Ausnahmen sind Steinquader in der entsprechenden Breite in den Boden eingelassen. Bei dieser Art der Linien ist selbstverständlich eine besonders sorgfältige Platzpflege notwendig.

Spielfeld: Maße, Netz, Linien, Einrichtungen

Das Spielfeld bildet ein Rechteck von 23,77 m Länge und 8,23 m Breite. Es wird in der Mitte durch ein Netz geteilt.
Das Netz ist an einem Seil oder Metallkabel mit einem Maximaldurchmesser von 0,8 cm aufgehängt. Die Seil- bzw. Kabelenden sind an zwei Pfosten oben befestigt oder darüber hinweggeführt. Die Posten dürfen nicht mehr als 15 cm im Quadrat oder 15 cm im Durchmesser haben. Die Mitte der Pfosten muß auf jeder Seite 91,4 cm außerhalb des Spielfeldes stehen. Die Höhe der Pfosten muß so sein, daß das Seil oder Metallkabel 107 cm über dem Erdboden ist.
Wenn ein kombiniertes Doppel- und Einzelspielfeld (siehe »Ausmaße des Doppelspielfeldes«, S. 63) mit einem Doppelspielnetz für Einzelspiele benutzt wird, muß das Netz durch zwei Pfosten, Einzelstützen genannt, auf eine Höhe von 107 cm unterstützt werden. Die Einzelstützen dürfen nicht mehr als 7,5 cm im Quadrat oder 7,5 cm im Durchmesser haben. Die Mitte der Einzelstützen muß auf jeder Seite 91,4 cm außerhalb des Einzelspielfeldes stehen.
Das **Netz** muß ganz gespannt sein, so daß es den Raum zwischen den beiden Pfosten vollständig ausfüllt. Seine Maschen müssen eng genug sein, um ein Durchgehen des Balles zu verhindern. Die Höhe des Netzes beträgt in der Mitte 91,4 cm, wo es durch einen Gurt von nicht mehr als 5 cm Breite und völlig weißer Farbe straff niedergehalten wird (Netzgurt). Das Seil oder Metallkabel sowie der obere Teil des Netzes sollen durch ein Band von völlig weißer Farbe eingefaßt sein (Netzband), das auf jeder Seite des Netzes nicht weniger als 5 cm und nicht mehr als 6,3 cm breit sein darf. Auf Netz, Band und Einzelstützen darf keine Werbung angebracht sein.
Die **Linien**, die das Spielfeld begrenzen, heißen an seinen Schmalseiten Grundlinien. Auf beiden Seiten des Netzes, je in einem Abstand von 6,40 m und parallel zu dem Netz, werden die als Aufschlaglinien bezeichneten Linien gezogen. Der von dem Netz, der Aufschlaglinie und den Seitenlinien begrenzte Raum wird durch die Aufschlagmittellinie in zwei gleiche Teile geteilt, die Aufschlagfelder genannt werden. Die Aufschlagmittellinie muß 5 cm breit sein und wird parallel zu den Seitenlinien

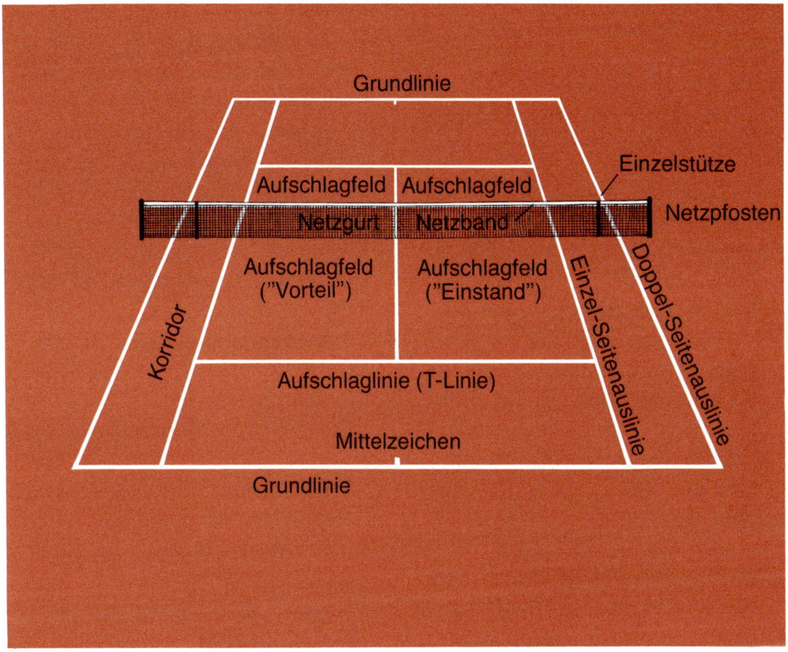

Bezeichnungen der Platzflächen, Linien und Netzbestandteile.

gezogen. Jede Grundlinie wird durch eine als Fortsetzung der Aufschlagmittellinie gedachte, 10 cm lange und 5 cm breite Linie, genannt das Mittelzeichen, in zwei Hälften geteilt. Das Mittelzeichen wird innerhalb des Spielfeldes im rechten Winkel zur Grundlinie und in Verbindung mit derselben gezogen. Alle übrigen Linien sollen nicht weniger als 2,5 cm und nicht mehr als 5 cm breit sein, ausgenommen die Grundlinie, die 10 cm breit sein darf.
Alle Maße müssen von der Außenkante der Linien, d.h. einschließlich Linienbreite, gemessen werden.
Flaggen an den Schmalseiten des Platzes dürfen keine weiße oder gelbe oder irgendeine andere helle Farbe enthalten.

Anmerkung: Für die Internationalen Tennismeisterschaften (Davis Cup) oder andere offizielle Meisterschaften darf der Auslauf hinter jeder Grundlinie nicht weniger als 6,40 m und an den beiden Seiten nicht weniger als 3,66 m betragen.

Tip

Wenn Sie den Platz zum Training oder Wettspiel betreten, überprüfen Sie folgendes:

- Je nachdem ob Sie Einzel oder Doppel spielen wollen, müssen die Einzelstützen am richtigen Platz stehen oder entfernt sein. Für das Doppel legen Sie die Stützen direkt an den Pfosten parallel zum Netz.
- Werfen Sie einen Blick auf die Netzhöhe in der Mitte. Manchmal ist der Netzhalter defekt, häufig ist aus anderen Gründen die Höhe nicht im vorgeschriebenen Maß von 91,4 cm.
  Die traditionelle Methode, den Schläger einmal in seiner Länge und darüber quer anzuhalten, ist durch die modernen Mid- und Großkopfschläger sinnlos geworden. Am besten ist, einen Meßstab mit 91,4 cm zu verwenden und mit der Netzhöhe in der Mitte zu vergleichen. Achtung! Die Einzelstützen müssen beim Kontrollieren angebracht sein.
- Achten Sie darauf, daß vor allem die Grundlinie, die Seitenlinien im rückwärtigen Bereich, die Aufschlaglinie und die Mittellinie plan am Boden liegen. Hochstehende Linien sind verletzungsgefährlich!
- Schließlich sollten Sie auch die Bodenbeschaffenheit prüfen. Gibt es nach Regen oder intensiven Spritzen nasse oder schmierige Stellen, auf denen man ausrutschen kann?
  Ist der Platz uneben oder weist er Löcher auf?
  Ist der Platz zu trocken, muß gespritzt werden?

Die Einzelstützen legt man zum Doppelspiel am besten in der Nähe des Pfostens parallel zum Netz ab.

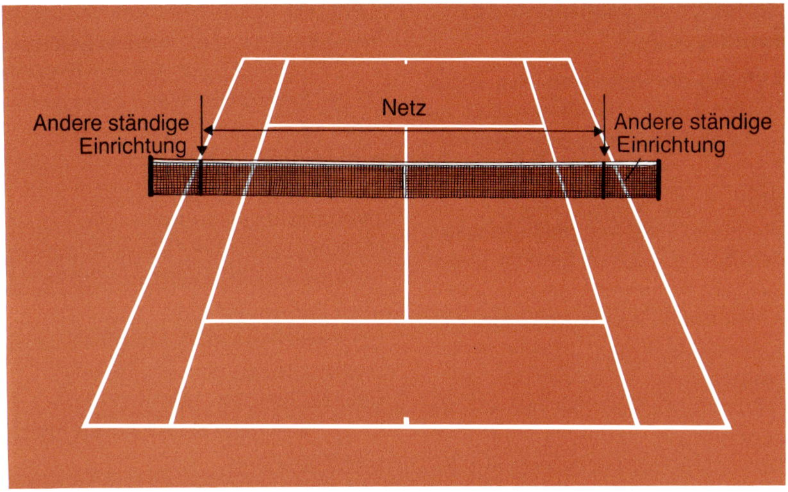

Bei einem Einzelspiel, bei dem die Doppelnetz-Konstruktion verwendet wird, trifft die Bezeichnung »Netz« nur auf den Teil zwischen den Einzelstützen zu.

Ständige Einrichtungen

Als ständige Einrichtung des Platzes gelten nicht nur das Netz, die Pfosten, das Seil oder Metallkabel, die Netzeinfassung und der Netzhalter, sondern auch, sofern vorhanden, die hintere und seitliche Einzäunung, die Tribünen, feste und bewegliche Sitze und Stühle rund um das Spielfeld mitsamt den darauf Sitzenden sowie alle anderen festen Einrichtungen ringsum oder über dem Spielfeld. Das gleiche trifft auch für den Schiedsrichter, die Linienrichter, Fußfehlerrichter, Netzrichter und Ballkinder zu, sofern sie sich auf ihren entsprechenden Plätzen befinden.

Anmerkung: Im Sinne dieser Regel schließt das Wort Schiedsrichter außer diesem auch diejenigen Personen ein, die ihm als dafür bestimmte Helfer bei der Durchführung des Spiels behilflich sind, und Personen, die zum Aufenthalt auf dem Platz berechtigt sind.

Tip

Schon hier sei auf die besondere Bedeutung, die das Netz, und alles was dazu gehört, unter den ständigen Einrichtungen einnimmt, hingewiesen (siehe S. 43, 49).

- Das eigentliche Netz verläuft im Einzelspielfeld von Einzelstütze zu Einzelstütze bzw., wenn eine eigene Einzelnetzkonstruktion vorhanden ist, von Einzelpfosten zu Einzelpfosten (siehe Abb.).

Sonstige Bestandteile des Tennisplatzes

Auf und um den Platz, manchmal auch darüber (bei einer Halle), gibt es noch eine Reihe von Dingen, die mehr oder weniger wichtig sind.
Besonders wichtig sind die sogenannten ständigen Einrichtungen, die zum Teil immer, zum Teil zeitweise feste Bestandteile eines Tennisplatzes sind. Immer sind beispielsweise die Netzpfosten vorhanden, zeitweise, nämlich bei besonderen Wettspielen, sitzt ein Schiedsrichter auf dem Stuhl. Wegen ihrer Bedeutung sind die ständigen Einrichtungen in einer eigenen Regel aufgeführt. Später bei den Spielregeln wird immer wieder auf diese Dinge Bezug genommen.

Tennisbälle

Ziel des Tennispiels ist, wie bereits gesagt, den kleinen Filzball so ins gegnerische Feld zu schlagen, daß er nicht oder nur fehlerhaft zurückgespielt werden kann. Nichttennisspieler wundern sich oft, warum man dabei mit solcher Beharrlichkeit und Verbissenheit dieser Filzkugel hinterherlaufen kann.
Seine besonderen Eigenschaften, die durch Größe, Innendruck und Filzauflage bestimmt sind, hat der Ball in einer jahrhundertelangen Entwicklung erhalten. Mit Filz bzw. Stoff war der Tennisball nicht immer bezogen. Seit dem Mittelalter sind für das Jeu de Paume bzw. Royal Tennis aus Wolle gewickelte oder mit Federn, Haar und anderem Material gestopfte Bälle in Gebrauch gewesen, bis mit der Entdeckung des Kautschuk die Herstellung von luftgefüllten Gummibällen möglich war. Den wichtigsten Schritt auf dem Weg zum heutigen Tennisball tat 1874 Mr. Heathcote, als er dem Ball eine Flanellhülle gab. Heute sind die Bälle mit einem abriebfesten Filz überzogen.

Bei Turnieren, Verbands- oder Ranglistenspielen müssen die Bälle den Vorschriften des Regelwerkes entsprechen; diese Vorschriften sind sehr eng gefaßt. Trotzdem sind Bälle je nach Fabrikat in Sprungverhalten, Ballflug u. ä. unterschiedlich. So kommt es, daß ein Spieler Bälle von Dunlop, ein anderer solche von Slazenger, Penn oder anderen Firmen bevorzugt. Nimmt aber jemand an offiziellen Veranstaltungen (z. B. des Deutschen Tennis Bundes) teil, so ist er gezwungen, mit dem offiziellen Turnierball, den der Veranstalter zur Verfügung stellt oder vorschreibt, zu spielen. Ein solcher Ball entspricht dann in der Regel den folgenden Vorschriften, die Sie in der Praxis bestenfalls auf die Richtigkeit des Drucks und der Sprunghöhe hin überprüfen können.

Übrigens werden für offizielle Turniere heute nur noch gelbe Bälle verwendet. Ab 1986 wird sogar in Wimbledon, wo bisher traditionell nur der weiße Ball eingesetzt wurde, mit gelben Bällen gespielt. Der Grund für diese Entwicklung liegt in der erwiesenen besseren Sichtbarkeit der gelben Farbe.

Ball: Maße und Gewicht

Die äußere Hülle des Balles muß gleichförmig und nahtlos sein, die Farbe ist weiß oder gelb.
Der Durchmesser des Balles darf nicht weniger als 6,35 cm und nicht mehr als 6,67 cm betragen.
Der Ball darf nicht weniger als 56,70 g und nicht mehr als 58,50 g wiegen.
Die Sprunghöhe des aus einer Höhe von 2,54 m fallenden Balles muß mindestens 1,35 m und höchstens 1,47 m sein.

Maße und Gewichte des Tennisballs.

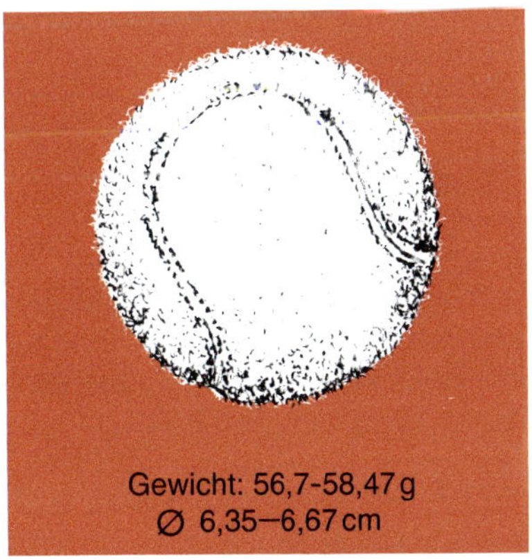

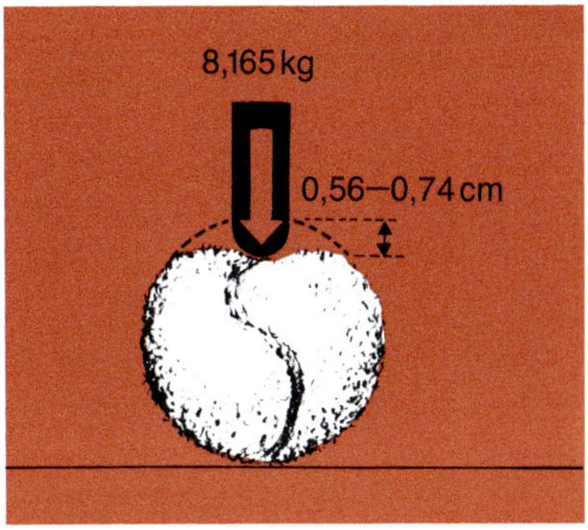

Auf-Deformation.

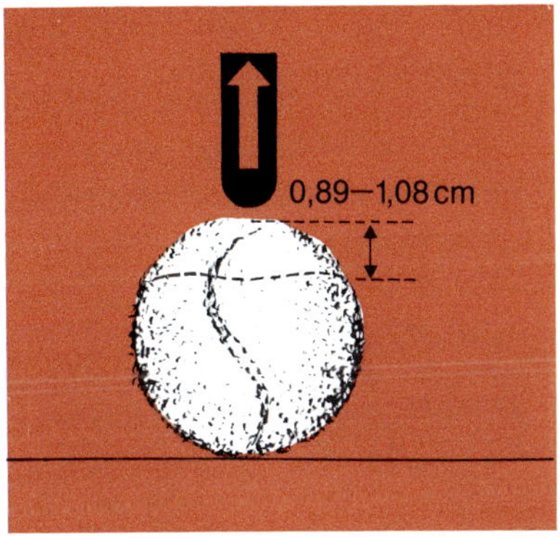

Rück-Deformation.

Der Ball soll eine »Auf-Deformation« von wenigstens 0,56 cm und nicht mehr als 0,74 cm bei einem Druck von 8,165 kg haben. Die »Rück-Deformation« soll nicht weniger als 0,89 cm und nicht mehr als 1,08 cm aufweisen (siehe Abb.). Beide Verformungen sollen die Durchschnittsergebnisse von drei einzelnen Längsachsen des Balles sein, von denen keine zwei in jedem Fall mehr als 0,08 cm voneinander differieren dürfen.

Tennisball

Tip

Die Freude am Spiel und damit auch der Erfolg hängt nicht unwesentlich von guten Bällen ab. Deshalb beachten Sie folgendes:

- Bälle, bei denen der Filz nicht mehr flauschig ist, verändern ihr Sprung- und Flugverhalten; die Haltbarkeit der Balloberfläche richtet sich nach Bodenbelag und Spielweise. Nach drei bis sechs Spielstunden sollten Sie neue Bälle anschaffen.
- Erfahrene Spieler prüfen den Druck der Spielbälle durch Pressen in der Hand zwischen Handballen und Fingerkuppen.

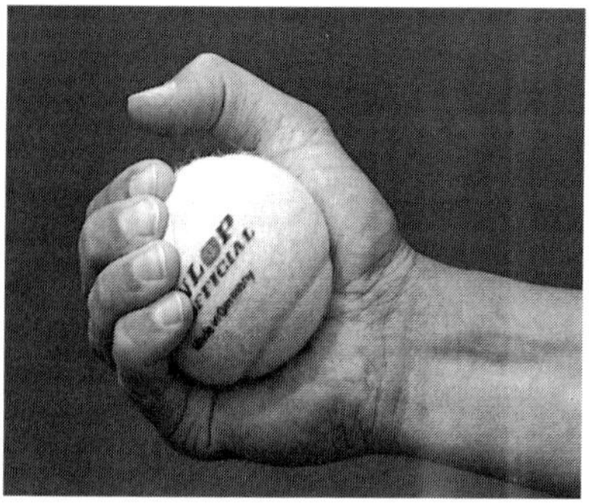

Überprüfen des Balldrucks.

Auch ein Prellen des Balles am Boden kann Aufschluß über den korrekten Druck geben. Die richtige Beurteilung beruht natürlich auf Erfahrungwerten, deshalb kann hier keine Richtlinie gegeben werden.

- Verwenden Sie zum Spiel mehrere Bälle. Theoretisch könnten Sie jede beliebige Anzahl mit auf den Platz nehmen.
  Im sogenannten Drilltraining sind im Korb des Trainers z. B. wenigstens 30 Bälle. Für das Schlagen mit einem Partner oder für ein Match hat sich eine Anzahl von vier oder sechs Bällen bewährt.
- Achten Sie darauf, daß alle verwendeten Bälle vom gleichen Fabrikat und in etwa gleichem Zustand sind. Es ist weder für den Trainingserfolg noch für den Verlauf eines Matches gut, wenn die Bälle so unterschiedlich sind, daß der eine weit und hoch, der andere kurz und niedrig springt.
- Übrigens besagt die Regel, wie aus dem ersten Satz zu entnehmen ist, daß die Ballfarbe entweder weiß oder gelb sein muß; damit kommen die »bunten Eier« in weiß-blau oder rosa für den Wettkampf nicht in Betracht.

Tennisschläger

Schlägerform und -beschaffenheit sind von Zweckmäßigkeit und Regelgrenzen bestimmt. Der Tennisschläger sah schon zu Zeiten des Major Wingfield, des Begründers der neuen Tennisregeln, im Prinzip so aus wie heute. Und das obwohl bis 1982 keinerlei Beschränkungen

Links der vielfach als »Normalschläger« bezeichnete Schläger, der bis vor einigen Jahren üblich war. Die beiden Schläger in der Mitte stellen »Mid«-Schläger dar. Rechts ein »ergonomisch« geformter Schlägerkopf. Mit der Form des Schlägers wird immer wieder experimentiert.

der Form und der Materialien im Regelwerk fixiert waren. Die ellipsoide bis runde Form des Schlägerkopfes, der Schaft, die Grifform und die Art der Bespannung waren wohl im Hinblick auf die Spielidee und unter Berücksichtigung der verfügbaren Materialien (laminiertes Holz) das Zweckmäßigste. Raute, Quadrat, übergroße Form u.ä. sind erst in letzter Zeit durch die Entwicklung der Kunststoffe und besondere Fertigungsverfahren möglich geworden.
Der früher gebräuchliche Schläger aus Holz mit kleiner Schlagfläche ist jetzt fast vollständig vom Kunststoffschläger mit wesentlich vergrößertem Schlägerkopf verdrängt worden. Nachdem anfänglich »Riesenpatschen« mit viel größeren Flächen für die Revolution im Materialbereich gehalten wurden, hat sich inzwischen die Ansicht durchgesetzt, daß die sogenannten Mid-Schläger bzw. Großkopfschläger mit ca. 20 - 40 % Vergrößerung normalerweise die günstigsten Ergebnisse bringen. Wie weit diese Schlägerform noch von den Maximalvorschriften des Regelwerkes entfernt sind, soll die Abbildung auf der nächsten Seite oben zeigen.
Übrigens sind die auch heute noch vielfach verwendeten Begriffe Normalschläger, Mid-Schläger und Großkopfschläger (bzw. Midsize-

Tennisschläger

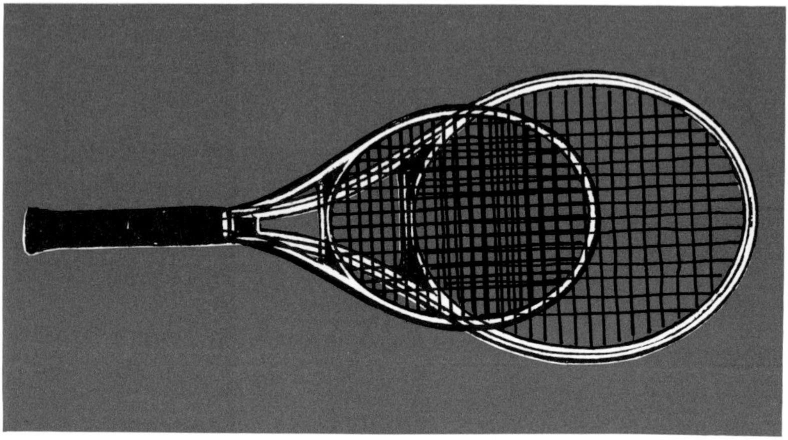

Größenvergleich zwischen einem normalen (schwarze Kontur) und dem von der Regel zugelassenen Schläger.

und Oversize-) nicht mehr sinnvoll. Der sogenannte Normalschläger ist eigentlich vollständig vom Markt verschwunden. Sicher wird er noch von einigen Traditionalisten gespielt, aber er ist nur die Ausnahme, nicht mehr der Normalfall.

Es wäre richtiger, vom Schläger mit

- kleinem Schlägerkopf,
- mittlererem Schlägerkopf (20 - 30 % vergrößerter Schlagfläche),
- großem Schlägerkopf (über 30 % vergrößerte Schlagfläche)

zu sprechen.

Zugelassene Maße für den Tennisschläger.

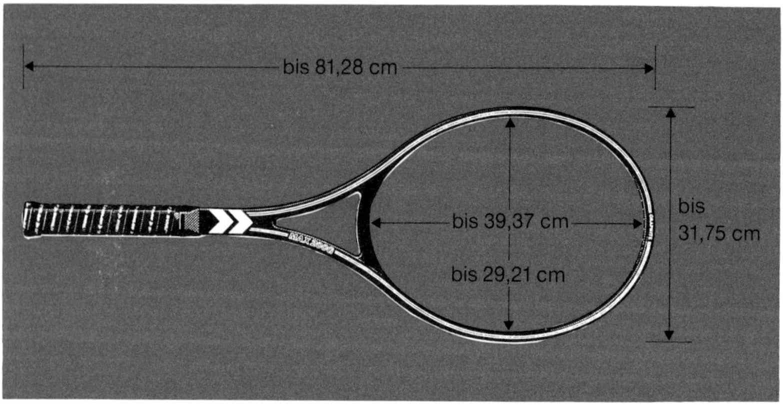

Schläger und Besaitung

Schläger, die zugelassen sind, müssen den nachstehenden Vorschriften entsprechen:

- Die Schlagfläche des Schlägers muß aus einem Muster sich kreuzender Saiten bestehen, die mit einem Rahmen verbunden und an ihren Kreuzungspunkten abwechselnd verflochten oder verbunden sind. Das Besaitungsmuster muß völlig gleichmäßig und inbesondere in der Mitte nicht weniger dicht sein als in irgendeinem anderen Bereich.
- Der Rahmen einschließlich Griff darf in der Gesamtlänge 81,28 cm und in der Gesamtbreite 31,75 cm nicht überschreiten. Die Bespannungsfläche darf in der Gesamtlänge 39,37 cm und in der Gesamtbreite 29,21 cm nicht überschreiten.
- An den Saiten dürfen keine hervorstehende Gegenstände befestigt werden; ausgenommen sind solche Vorrichtungen, die ausschließlich dazu dienen, Verschleiß oder Schwingungen einzuschränken oder zu verhindern; die Gegenstände müssen dazu nach Größe und Anbringung angemessen sein.
- Weder am Rahmen, am Griff noch an den Saiten dürfen Vorrichtungen angebracht sein, die es dem Spieler ermöglichen, die Form des Schlägers oder die Gewichtsverteilung wesentlich zu verändern.

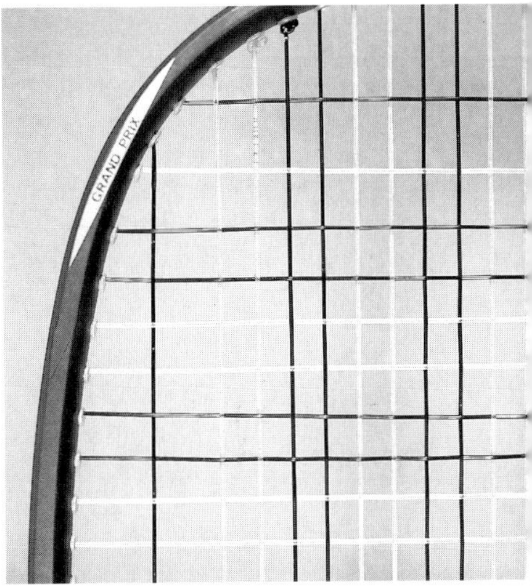

Nach der Regel sind auch verschiedenartige Saitenmaterialien in einer Besaitung erlaubt.

Die Internationale Tennis Föderation (ITF) hat die Frage zu entscheiden, ob ein Schlägermodell den oben angeführten Vorschriften entspricht oder sonst zum Spiel zugelassen oder nicht zugelassen wird.

Tip

Auch wenn die vorstehenden Bestimmungen sehr ausführlich und kompliziert sind, brauchen Sie jedoch kaum zu befürchten, mit Ihrem Tennischläger eine dieser Regeln zu verletzen. Die im Handel erhältlichen Rackets entsprechen alle den Vorschriften.

Unabhängig davon sollten Sie, wenn Sie noch nicht ausreichend erfahren sind, den Rat eines Tennislehrers einholen. Auch im guten Sportfachgeschäft wird Ihnen bei der Wahl des richtigen Schlägers und der geeigneten Besaitung gerne geholfen. Sie sollten dabei auf folgendes achten:

- ○ Wählen Sie die richtige Schlägerkopfgröße (siehe vorne) entsprechend Ihrer Könnensstufe (Anfänger bis Könner) und der Spielweise (Verteidigung bis Angriff).
- ○ Wählen Sie die richtige Griffstärke.
  Es existieren zwei verschiedene Bezeichnungssysteme; das englische System beruht auf der Maßeinheit Zoll; das deutsche System hat jeweils den Zähler der Bruchzahl des englischen Maßes übernommen.

Bezeichnung der Griffstärken

Deutsche Bezeichnung	Englische Bezeichnung	Stärke
Nr. 1 Nr. 2 Nr. 3	$4\frac{1}{8}$ $4\frac{2}{8}$ $4\frac{3}{8}$	dünn
Nr. 4 Nr. 5	$4\frac{1}{2}$ $4\frac{5}{8}$	normal
Nr. 6 Nr. 7 Nr. 8	$4\frac{3}{4}$ $4\frac{7}{8}$ 5	dick

- ○ Wählen Sie die richtige Besaitung und Bespannungshärte, abgestimmt auf Schlägerbauweise und Ihre Spielstärke.
- ○ Wählen Sie das geeignete Gewicht (L, L/M oder M) und die richtige Gewichtsverteilung (kopflastig, ausgewogen, grifflastig) des Schlägers.

Bekleidung

Die Regeln der ITF sehen keine Bestimmungen zur Spielkleidung vor. Es ist also von dieser Seite her gleichgültig, was Sie anhaben. Allerdings schreibt die Wettspielordnung des DTB die weiße Farbe für die Spielkleidung vor (siehe S. 68).

Tip

- ○ Kleiden Sie sich vor allem zweckmäßig.
- ○ Nachdem Wärmekleidung auch farbig erlaubt ist, gibt es keinen Grund bei kühler Witterung den Trainingsanzug nicht anzubehalten.

Regeln zum Spielablauf

Die bisher behandelten Vorschriften zum Platz, Schläger und Ball sind wichtige Voraussetzungen für eine regelgerechte Durchführung des Spiels. Im allgemeinen muß man aber die örtlichen Gegebenheiten, die vorhandenen Bälle, die verfügbare Ausrüstung mehr oder weniger widerspruchslos hinnehmen. Das eigentliche Kernstück des Regelwerks kommt allerdings erst jetzt. Im folgenden sind die Bestimmungen aufgezeigt und erläutert, die den Aufschlag und Ballwechsel zwischen den beiden Tennisspielern, die ein Match bestreiten wollen, regeln. Natürlich können Sie sich auch eigene Spielregeln machen, um beispielsweise mit einem Partner bestimmte Spielzüge zu trainieren. Oder Sie spielen nur in den Aufschlagfeldern das beliebte »Mini-Tennis«, das Reaktionsschnelligkeit und Ballgefühl schult. Aber das sind eben nur Trainingsformen oder ähnliches, und selbst da müssen Sie sich auf einheitliche, gültige »Regeln« einigen. In einem richtigen Tennismatch hat sich jeder selbstverständlich nach den anerkannten, überall gleichen Tennisregeln der Internationalen Tennis Föderation zu richten.

Losentscheid

Bevor die Spieler den Platz betreten, um ein Match zu spielen, muß durch Los entschieden werden, wer das Recht hat zu wählen. Der Spieler, der beim Losen gewinnt, kann sich für eine der in der nachfolgenden Regel aufgeführten Möglichkeiten entscheiden.

Tip

○ Zum Losen gibt es mehrere Verfahren. Der Losentscheid kann entweder durch den üblichen Münzwurf geschehen oder »stilecht« durch Drehen des Tennisschlägers. Dabei muß man unterscheidende Merkmale auf den Seiten des

Die herkömmliche Methode des Losens ist das Schlägerdrehen. Eine andere geeignete Losart ist das Werfen einer Münze.

Losentscheid

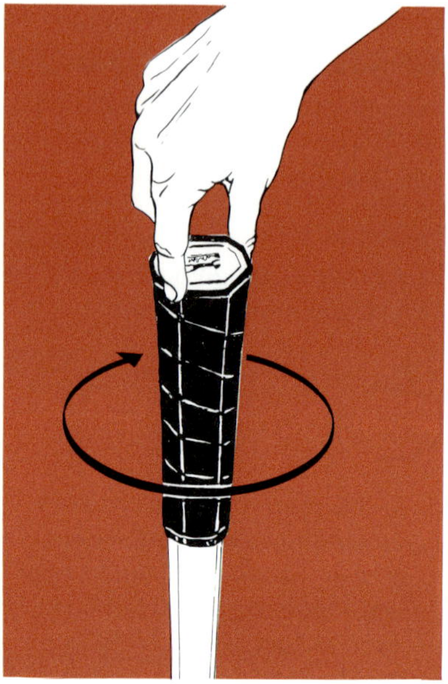

Drehen des auf den Schlägerkopf gestellten Schlägers.

Losentscheid mit Hilfe einer Markierung am Griffende.

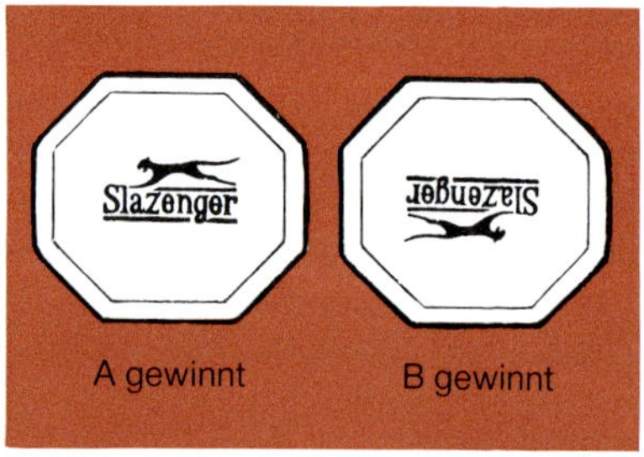

Schlägers bezeichnen oder das Markenzeichen auf dem Griffende zu Hilfe nehmen.

Beispiel 1: Zeichen am Griff:
A gewinnt die Wahl, wenn der Schriftzug nach dem Drehen des Schlägers richtig steht, B gewinnt dementsprechend die Wahl, wenn der Schriftzug auf dem Kopf steht (siehe Abb.).
Beispiel 2: Merkmale am Schlägerschaft:

A gewinnt die Wahl, wenn die Seite mit einer Artikelbezeichnung nach Drehen des Schlägers oben liegt. B gewinnt, wenn dieselbe Seite unten liegt.

Aufschlagwahl, Seitenwahl

Der die Wahl gewinnende Spieler hat also folgende Wahlmöglichkeiten:

- Aufschlag oder Rückschlag; in dem Fall soll der andere Spieler die Seite wählen.
- Die Seite; in diesem Fall wählt der andere Spieler das Recht, Aufschläger oder Rückschläger zu sein.
- Das Recht, vom anderen zu fordern, als Erster zu wählen.

Es soll vorkommen, daß auch erfahrene Turnierspieler nicht immer die Konsequenzen dieser Regel genau kennen. Beispielsweise ist

mancher, der die Wahl gewonnen hat und sich eine Platzhälfte ausgesucht hat, überrascht, wenn der andere den Rückschlag wählt. Hat er doch geglaubt, daß er durch seine Platzwahl die unangenehme Aufgabe, zuerst aufschlagen zu müssen, umgangen hat. Der Gewinner der Wahl kann aber auch auf das Recht als Erster zu wählen verzichten und vom Gegner verlangen, daß der zuerst wählt. Daraufhin hat der Verlierer der Wahl selbstverständlich alle beschriebenen Möglichkeiten.
Für den Gewinner der Wahl ergeben sich also folgende Möglichkeiten, wenn er das Recht als Erster zu wählen in Anspruch nimmt:

Er wählt: ⇨	Der Gegner wählt:
den Aufschlag	eine Platzhälfte
eine Platzhälfte	den Aufschlag oder den Rückschlag
den Rückschlag	eine Platzhälfte
Verzicht auf die Erstwahl	siehe oben links

Tip

Wenn Sie die Wahl gewonnen haben, sollten Sie für Ihre Entscheidung folgende Punkte berücksichtigen:

- Windrichtung: In der Regel schlägt man besser mit dem Wind auf.
- Sonnenstand, vor allem bei klarem Himmel: Beim Aufschlag direkt in die Sonne blicken zu müssen, kann ein Nachteil sein.
- Aufschlag- bzw. Rückschlagstärke des Gegners: Dem kann man im ersten Spiel evtl. ausweichen.
- Eigene Vorliebe für eine bestimmte Seite, eigener guter Aufschlag oder Rückschlag.

Den Ball ins Spiel bringen (Aufschlag)

Naturgemäß unterliegt der Aufschlag wegen seiner Bedeutung bei den Rückschlagsportarten besonders vielen Vorschriften. Man sagt, daß dies der einzige Schlag sei, der völlig unbeeinflußt und unbeeinträchtigt vom Gegner ausgeführt werden kann. Ob das zutrifft, ist zwar die Frage, denn sogar die Stellung des Gegners verlangt vom Aufschläger beispielsweise eine (richtige) Reaktion. Aber immerhin ist der Spieler, der aufschlägt, unzweifelhaft im Vorteil, vorausgesetzt, er beherrscht den Schlag technisch.
Das war nicht immer so. In der Frühzeit des Tennis war es günstiger, Rückschläger zu sein. Das hing sicher mit Ball und Schläger einerseits und der Aufschlagtechnik andererseits zusammen. Beim Jeu de Paume oder Royal Tennis wurde ja der mit verschiedenem Material gefüllte Ball zuerst fallen gelassen und nach dem Aufsprung von unten geschlagen. Nachdem dabei weder viel Drall noch hohe Ballgeschwindigkeit möglich waren, hatte der Rückschläger gute Chancen einen Punkt zu machen. Spieltaktisch gesehen war der Retounierende der eigentliche Angreifer.
Noch ein Wort zu dem auch bei uns häufig verwendeten Begriff »Service« für Aufschlag. Ein Chro-

Der Raum für die Ausführung des Aufschlages ist vorgeschrieben (siehe Aufschlagausführung), der für den Rückschlag ist nicht genauer definiert, wenn man von dem Verbot des Netzberührens und dem Betreten des gegnerischen Feldes absieht. Allerdings gibt es für den direkten Rückschlag vernünftige Grenzen (ungefähr entsprechend der Tonfläche).

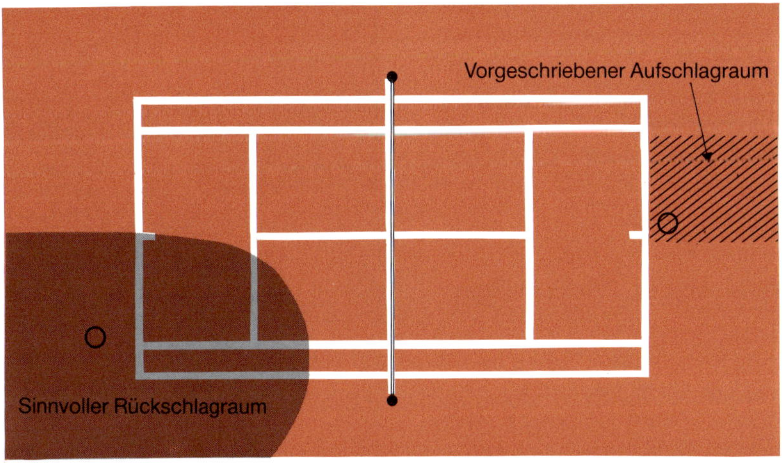

nist des Tennisspiels, Heiner Gillmeister, leitet diesen höflichen Ausdruck für einen häufig gemeinen Schlag von einem Eröffnungszeremoniell ab, wie es beim Jeu de Paume üblich war. Der Aufschläger sagte dabei: »Tenez l'estuef!« (Haltet den Ball!) Darauf der Rückschläger: »S'il vous plait.« (Wie es Euch beliebt.) Dann der Aufschläger wieder: »A votre service.« (Zu Euren Diensten.) Das letzte Wort dieses stilvollen Wortwechsels haben die Engländer für den gesamten Vorgang beim Aufschlag genommen.

Nun aber wieder zur heutigen Form der Spieleröffnung. Für eine der Spielidee angemessene Eröffnung braucht der Aufschlag im Tennis wie in den anderen Spielen entsprechende Bestimmungen. Der Raum für die Ausführung des Aufschlages ist vorgeschrieben (siehe »Aufschlagausführung«), der für den Rückschlag ist nicht genau definiert, wenn man von dem Betreten des gegnerischen Feldes absieht. Allerdings gibt es für den direkten Rückschlag vernünftige Grenzen (entsprechend ungefähr der linken Tonfläche in der Abbildung).

Aufschläger, Rückschläger

Die Spieler stellen sich auf den gegenüberliegenden Seiten des Netzes auf. Es ist zweckmäßig, nach den jeweiligen Tätigkeiten den einen als Aufschläger, den anderen als Rückschläger zu bezeichnen. Im folgenden und vor allem bei der Zählweise wird ersichtlich, daß diese Begriffe für die Spielgegner klar und eindeutig sind.

Spielbereitschaft

Der Aufschläger darf den Ball nicht ins Spiel bringen, bevor der Rückschläger bereit ist. Versucht der Rückschläger den Aufschlagball zurückzugeben, kann der Aufschlagende davon ausgehen, daß der Rückschläger spielbereit war. Gibt hingegen der Rückschläger zu erkennen, daß er nicht bereit ist, so kann er keinen Aufschlagfehler geltend machen; d.h. der Aufschlag wird wiederholt.

Heben des Schlägers zum Zeichen, daß man nicht spielbereit ist.

Tip

- Übrigens, scheuen Sie sich nicht, deutlich zu reklamieren, wenn Sie beim Aufschlag des Gegners noch nicht fertig waren. Es ist zweckmäßig, fehlende Spielbereitschaft z. B. durch Hochheben des Schlägers zu signalisieren (siehe Foto links). Haben Sie aber den Ball geschlagen oder auch nur versucht zu schlagen, können Sie keine Wiederholung des Aufschlags beanspruchen.
- Es ist natürlich auch ein Gebot der Fairness, daß Sie als Aufschläger dem Gegner angemessene Zeit geben, sich für das Spiel bereit zu machen (siehe dazu S. 70).

Aufschlagausführung

Der Aufschlag ist folgendermaßen auszuführen:
Unmittelbar vor Beginn des Aufschlags muß der Aufschläger mit beiden Füßen in Ruhestellung hinter der Grundlinie, zwischen der gedachten Verlängerung des Mittelzeichens und der Seitenlinie (entsprechend dem Spielstand, siehe S. 38) stehen. Der Aufschläger hat nun den Ball mit der freien Hand in beliebiger Richtung zu werfen und mit dem Schläger zu schlagen, bevor der Ball den Boden berührt. Ein Spieler, der nur einen Arm benutzen kann, darf den Ball mit Hilfe des Schlägers

Auch der Aufschlag von unten ist erlaubt, wenn er sonst richtig ausgeführt wird.

zum Aufschlag in die Luft werfen. Im Augenblick der Berührung des Schlägers mit dem Ball gilt der Aufschlag als ausgeführt. Der aufgeschlagene Ball muß das Netz überfliegen und den Boden innerhalb des schräg gegenüberliegenden Aufschlagfeldes oder eine der Linien berühren, die dieses Feld begrenzen, bevor der Rückschläger den Ball schlägt.

Tip

○ Der Ball muß zum Aufschlag nicht hochgeworfen werden. Auch der »Aufschlag von unten« ist regelgerecht. Auch gute Spieler wenden diese Aufschlagart hin und wieder aus taktischen Gründen an (siehe Foto S. 33).

○ Beachten Sie auch die ergänzenden Regeln zur Wiederholung, zum zweiten Aufschlag und zum Aufschlag- und Fußfehler.

Aufschlagwiederholung

Der Aufschlag ist zu wiederholen:

- Wenn der aufgeschlagene Ball das Netz, das Netzband oder den Netzgurt berührt, vorausgesetzt, daß er sonst richtig fällt (siehe links oben).
- Wenn der Aufschlag (ob er nun richtig oder falsch ausfällt) ausgeführt worden ist, bevor der

Wiederholung: Der Ball berührt das Netz und springt dann richtig in das Aufschlagfeld.

Rückschläger bereit war (siehe »Spielbereitschaft«).

Im Falle eines Netzballes zählt dieser und nur dieser Aufschlag nicht, und der Aufschläger muß ihn wiederholen; handelt es sich um einen zweiten Aufschlag (siehe folgende Regel) wird ein beim ersten begangener Aufschlagfehler nicht annulliert.

Tip

- Hören Sie genau hin! Ein Netzball ist zwar am leichtesten dann zu sehen, wenn er vom Band deutlich in seiner Flugkurve abgelenkt wird; aber nicht immer ist die Berührung so stark, daß dies der Fall ist. Da hilft nur ein gutes Gehör, um das Wischen über die Netzkante zu bemerken.
- Lassen Sie sich nicht täuschen! Von einem raffinierten Gegner kann die Regel über die Spielbereitschaft beim Aufschlag oder Rückschlag mißbraucht werden: Wenn er als Aufschläger einen Fehler macht, behauptet er beim Gegenüber fehlende Spielbereitschaft entdeckt zu haben; als Rückschläger war er angeblich nicht fertig, wenn er den Ball verschlagen hat.
  Also achten Sie als Gegner eines solchen Spielers darauf, daß die Situation eindeutig ist.

Der zweite Aufschlag

Wird beim ersten Aufschlagversuch ein Fehler gemacht (siehe dazu »Aufschlagfehler«) hat der Aufschläger das Recht auf einen zweiten Aufschlag von derselben Seite aus, von der er den ersten geschlagen hat.

Ball im Spiel

Ein Ball ist im Spiel, sobald er aufgeschlagen ist. Er bleibt im Spiel, bis der Punkt entschieden ist.

Aufschlagfehler

Man muß hier auf eine Besonderheit in der Terminologie des Tennis hinweisen. Der **Begriff Fehler** wird regelbezogen nur für Regelverstöße beim Aufschlag angewandt. Natürlich kann ein Spieler viele technische und taktische Fehler begehen, die können aber, in der Regelsprache gesprochen, nur zu einem **Punktverlust** führen. »Fehler« zu machen, ist also beim Tennis dem Aufschlagenden vorbehalten.

- Der Aufschlag ist fehlerhaft, wenn er nicht entsprechend der Vorschriften in der Regel »Aufschlagausführung« (siehe S. 33) ausgeführt wurde.
- Der fehlgeschlagene Versuch den Ball beim Aufschlag zu treffen, ist ein Fehler.
- Wenn der Ball, bevor er auf dem Boden aufspringt (auch wenn er

Aufschlag

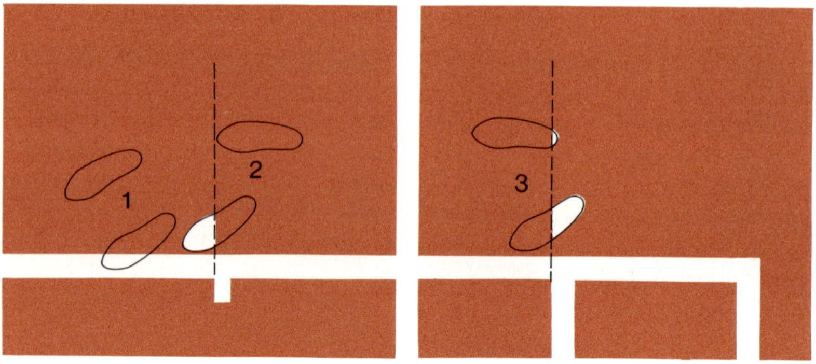

Drei Beispiele für Fußfehler: 1 Berühren der Grundlinie, (Aufschlag von rechts),
2 Übertreten der gedachten Verlängerung des Mittelzeichens (Aufschlag von links),
3 Übertreten der gedachten Linie der Seitenlinie (hier beim Einzel, Aufschlag von links).

danach ins richtige Aufschlagfeld trifft), eine ständige Einrichtung des Platzes (siehe S. 19) berührt, ist es ein Aufschlagfehler; ausgenommen ist natürlich das Netz und alles was dazu gehört, also Netzeinfassung bzw. Netzband und Netzgurt.

Eine Besonderheit stellt der **Fußfehler** dar:
Aus der Regel »Aufschlagausführung« ergibt sich, daß das Berühren oder Übertreten der Grundlinie und der Verlängerung der jeweiligen Seitenlinie (je nachdem, ob der Aufschlag von rechts oder links ausgeführt wird) bzw. des Mittelzeichens mit einem oder beiden Füßen ein Fehler ist, und zwar solange bis der Ball den Schläger verlassen hat.
Der Fuß ist in diesem Fall der Teil des Beines, der unterhalb (lateral) des Knöchels liegt. – Man könnte also theoretisch innerhalb des

Fußfehler: Berühren der Linie.

Fußfehler: Übertreten der Mittellinie.

Platzes den Boden mit dem Knie berühren, wenn nur der Fuß außerhalb der Linien bleibt.
Außerdem darf der Spieler beim Aufschlag (wieder solange bis der Ball den Schläger verlassen hat) seine Stellung weder durch Gehen noch durch Laufen verändern. Unbedeutende Bewegungen der Füße, wie z. B. das Nachziehen des hinteren Fußes, gilt im Sinne dieser Regel nicht als Fehler.

Begeht der Aufschläger zwei Aufschlagfehler in Folge, verliert er den Punkt. Das wird als Doppelfehler bezeichnet.

Tip

Der Fußfehler ist kein »Kavaliersdelikt«, er ist ein Ärgernis. In den unteren Spielklassen ist er zwar der häufigste Regelverstoß, aber gerade deshalb sollten Sie ihn vermeiden und u. U. bei Ihrem Gegner monieren.

- Meist entsteht der Fußfehler dadurch, daß der Aufschläger während der Ausholbewegung einen Schritt nach vorne macht. Stellen Sie sich sicherheitshalber vor dem Aufschlag einen Schritt hinter die Grundlinie.
- Schon beim Hochwerfen des Balles merkt man oft, daß der Aufschlag mißlingt. Versuchen Sie nicht, den Ball irgendwie zu treffen, brechen Sie die Aufschlagbewegung rechtzeitig ab und beginnen Sie von neuem!

Die Füße sind im Moment des Treffens in der Luft; also kann es kein Fußfehler sein, wenn der Spieler vor der Linie abgesprungen war.

Wechsel der Aufschlagseite

Der Aufschlag ist vom Aufschläger abwechselnd von rechts und links vom Mittelzeichen stehend auszuführen; in jedem Spiel beginnt er von rechts und wechselt nach jedem Punkt die Seite (siehe auch S. 39, 60).
Wenn unbemerkt von der falschen Seite aus aufgeschlagen wurde, so bleiben alle aus diesem Aufschlag oder diesen Aufschlägen resultierenden Ergebnisse bestehen. Jedoch soll die falsche Stellung von dem Zeitpunkt, an dem sie bemerkt wurde, sofort berichtigt werden.
War der erste Aufschlag ein Fehler und ist er auf der falschen Aufschlagseite ausgeführt worden, soll der zweite Aufschlag von der richtigen Seite aus geschlagen werden (das heißt, der Aufschläger hat nur noch »einen Ball« zur Verfügung).
Nachdem ein Aufschlag ausgeführt ist, kann ein früherer Fehler aus dieser Regel nicht mehr geltend gemacht werden.

Wechsel des Aufschlagrechts

Nach jedem Spiel eines Matches wechselt das Aufschlagrecht, d. h., daß nach Beendigung eines Spiels der Rückschläger zum Aufschläger und der Aufschläger zum Rückschläger wird. Schlägt ein Spieler auf, der nicht an der Reihe gewesen wäre, so soll der andere aufschlagen, nachdem das Versehen festgestellt worden ist; alle vor dieser Feststellung gespielten Punkte bleiben gültig. Ist ein Spiel bereits beendet, bevor der Irrtum entdeckt wurde, so bleibt die veränderte Aufschlagordnung bestehen.
Ein vor der Entdeckung geschlagener Aufschlagfehler zählt nicht. Diese Formulierung könnte zu Mißverständnissen führen: Hier ist nur der Fehler gemeint, der bei der Ausführung des ersten Aufschlages gemacht wird. Begeht also ein Spieler, der nicht Aufschlagrecht hat, beim ersten Aufschlag einen Fehler, und der Irrtum wird anschließend bemerkt, soll ohne weiteres vom Aufschlagberechtigten mit dem ersten Aufschlag aufgeschlagen werden.

Wechsel der Platzhälfte (Seitenwechsel)

Die Spieler tauschen die Platzhälften nach jedem ungeraden Spielestand im jeweiligen Satz (siehe dazu S. 60). Damit wird erreicht, daß Vor- bzw. Nachteile einer Platzhälfte im Spielverlauf gleichmäßig auf beide Spieler verteilt werden.

Tip

- Die vorne aufgeführten drei Regeln zum Wechsel geben immer wieder Anlaß zu Unklarheiten,

Mißverständnissen und Diskussionen. Am besten ist das natürlich durch Aufmerksamkeit zu vermeiden.

- Es gibt aber auch einige Eselsbrücken, die die Kontrolle erleichtern. Drei davon sind im folgenden ausgeführt.
- Aufschlagseite:
  Ergibt die Summe der gespielten Punkte in einem Spiel eine gerade Zahl, wird von rechts aufgeschlagen. Also z. B.: 0:0, 15:15 (2 Punkte), 30:30 (4 Punkte), 15:40 (4 Punkte), 40:15, Einstand. Entsprechend wird von links aufgeschlagen, wenn die Summe der Punkte eine ungerade Zahl ergibt, z. B. 15:0 (1 Punkt), 30:15 (3 Punkte) o. ä.
- Aufschlagrecht:
  Nachdem das Recht zum Aufschlagen nach jedem Spiel wechselt, kann auch hier am Spielstand abgelesen werden, wer aufschlagen soll. Allerdings muß man sich merken, wer angefangen hat. Derjenige, der im ersten Spiel aufschlägt, ist also immer bei einer geraden Zahl als Summe aller Spiele dran.
- Platzhälfte:
  Wechsel der Platzhälfte bei ungeradem Spielstand heißt, daß unter Umständen nach unmittelbar aufeinanderfolgenden Spielen gewechselt werden muß. Z. B. wird nach 6:1 gewechselt und im darauffolgenden Satz wieder bei 1:0.

Punktverlust beim Aufschlag

Es gibt zwar viele Möglichkeiten, beim Aufschlag einen Fehler zu machen. Der Aufschläger hat aber, bis auf eine Ausnahme, immer eine zweite Chance.
Der Aufschläger verliert den Punkt:

- Wenn er zwei Aufschlagfehler unmittelbar nacheinander macht (Doppelfehler).
- Wenn er oder sein Schläger eine ständige Einrichtung (z. B. Netz) berührt, solange der Ball im Spiel ist.

Fallbeispiele

1. Beispiel

Der Aufschläger wirft versehentlich zum ersten Aufschlag beide Bälle, die er in der Hand hält, hoch und bricht daraufhin die Aufschlagbewegung ab.

Entscheidung: Kein Fehler;
in der Regel ist nirgends ausdrücklich verboten, zwei Bälle zu werfen. Allerdings behindert oder stört das den Gegner, deshalb muß der Aufschlag wiederholt werden. Geschieht das Ganze absichtlich, - was anzunehmen ist, wenn es wiederholt passiert oder versucht wird, den Aufschlag zu Ende zu führen, - dann verliert der Aufschläger den Punkt.

2. Beispiel

Der Aufschläger wirft den Ball hoch und läßt ihn, ohne zum Aufschlag auszuholen, wieder fallen.

Entscheidung: Kein Fehler;
nur wenn der Ball im Spiel ist, bzw. wenn der Aufschlag ausgeführt ist, kann der Aufschlagende einen Fehler machen; ausgeführt ist der Aufschlag erst dann, wenn der Schläger den Ball berührt. Übrigens wäre es auch kein Fehler, den Ball statt ihn fallen zu lassen, mit der Hand zu fangen.

3. Beispiel

Der Aufschläger wirft, nachdem der erste Aufschlag gelungen ist, den zweiten in der Hand gehaltenen Ball nach hinten weg.

Entscheidung: Punktverlust oder Wiederholung;
es ist ein Grenzfall. Je nach dem ob man das Verhalten als beabsichtigte oder unbeabsichtigte Behinderung (siehe S. 53) interpretiert. Entscheidend ist sicher, ob man sich gestört fühlt. Der Rückschläger sollte dann vielleicht zunächst diplomatisch darum bitten, das Wegwerfen des Balles zu unterlassen.

4. Beispiel

Der Aufschläger wirft den Ball soweit schräg nach vorne, daß er ihn beim Versuch zu treffen verfehlt.

Entscheidung: Fehler;
der Fehlversuch beim Aufschlag den Ball zu treffen, ist in jedem Fall ein Fehler. Dabei ist es gleichgültig, ob es absichtlich oder unabsichtlich, z. B. durch ungünstigen Ballwurf oder starken Wind verursacht, geschieht.

5. Beispiel

Der Aufschläger wirft den Ball wie zu einem »normalen« Aufschlag und schlägt ihn aber dann »von unten«.

Entscheidung: Kein Fehler;
über Art und Weise der Aufschlagtechnik macht die Regel keine Vorschrift, abgesehen von dem Verbot des Vorbeischlagens. Nicht erlaubt ist jedenfalls der Trick, »oben« vorbeizuschlagen und dann »von unten« aufzuschlagen.

Entscheidung: Fehler;
nach der Regel über die Aufschlagausführung muß der Ball direkt ins entsprechende Aufschlagfeld gespielt werden; geschieht das nicht oder nicht direkt, ist auf Fehler zu entscheiden (ausgenommen der Ball berührt das Netz).

6. Beispiel

Der Aufschläger trifft mit dem Ball den Schiedsrichterstuhl (oder eine andere ständige Einrichtung), und der Ball fällt dann ins richtige Aufschlagfeld.

Fehler: Trifft der Ball beim Aufschlag eine ständige Einrichtung (hier den Schiedsrichterstuhl), ist es ein Fehler.

7. Beispiel

Der Aufschläger trifft mit dem Ball den Teil des Netzes, der außerhalb der Einzelstütze zum Netzpfosten führt; anschließend fällt der Ball ins richtige Aufschlagfeld.

Entscheidung: Fehler;
der Teil des Netzes, der außerhalb der Einzelstützen liegt, gehört zu den ständigen Einrichtungen, deren Berührung ein Fehler ist.

Aufschlag

Punkt für den Aufschläger: Der Aufschlagball trifft einen anderen im Aufschlagfeld liegenden Ball.

Wiederholung: Netzball beim Aufschlag, der anschließend den Gegner direkt trifft.

8. Beispiel

Im Aufschlagfeld des Rückschlägers liegt ein Ball, den der Aufschläger trifft; der Rückschläger erreicht den Ball nicht mehr.

Entscheidung: Punkt für den Aufschläger;
dem Aufschläger kann natürlich aus der Nachlässigkeit des Gegners kein Nachteil erwachsen. Der Rückschläger hätte den Ball rechtzeitig herausnehmen sollen. Andererseits hat er natürlich die Chance, den Ball im Spiel zu halten, wenn er das Kunststück fertigbringt, den abgefälschten, aufgeschlagenen Ball zurückzuschlagen.

9. Beispiel

Der aufgeschlagene Ball berührt das Netz und springt so ab, daß er den Rückschläger trifft, ohne vorher den Boden berührt zu haben.

Entscheidung: Wiederholung;
ein Aufschlag, der Netz, Netzkante oder Netzhalter berührt, bevor er den Rückschläger oder irgendetwas, was dieser an sich hat oder trägt, trifft, muß laut Regel wiederholt werden.

10. Beispiel

Der Aufschläger schlägt den Ball so, daß er den Rückschläger trifft, ohne daß der Ball irgendetwas vorher berührt hat (siehe Abb. S. 44 oben).

Entscheidung: Punkt für den Aufschläger;
dieser ungewöhnliche Fall ist im Regelwerk besonders erwähnt (siehe S. 55, 3. Absatz). Vorsicht! Es kann schon mal ein listiger Spieler auf die Idee kommen, dem Rückschläger so zuzuspielen, daß der versucht, den Ball aus der Luft zu fangen.

11. Beispiel

Der Aufschläger schlägt den ersten Aufschlag von der falschen Platzhälfte. Den folgenden Ballwechsel verliert er; darauf reklamiert er den Aufschlag als Fehler aufgrund seiner falschen Stellung und möchte einen zweiten Aufschlagball.

Entscheidung: Punkt gegen den Aufschläger;
das Ergebnis eines regelrecht ausgespielten Ballwechsels zählt in jedem Fall. Es wäre auch ungerecht, würde man dem Rückschläger den verdienten Lohn seiner erfolgreichen Anstrengungen wieder absprechen. Der nächste Aufschlag soll aber von der richtigen Seite aus entsprechend dem Spielstand erfolgen.

Aufschlag

Punkt für den Aufschläger: Der Ball trifft den Gegner direkt.

Punkt gegen den Aufschläger: Der aus der Hand gleitende Schläger berührt das Netz, solange der Ball im Spiel ist.

12. Beispiel

Dem Aufschläger gleitet beim Aufschlag der Schläger aus der Hand und fliegt ins Netz oder über das Netz (Abb. unten).

Entscheidung: Punkt gegen den Aufschläger;
dabei gilt die Einschränkung: solange der Ball im Spiel ist. Dann ist es gleichgültig, ob der Ball in das Aufschlagfeld oder außerhalb trifft. Der Aufschläger hat also keinesfalls Anspruch auf einen zweiten Aufschlagball.
Sollte allerdings der Ball nach einem As bereits hinten an der Plane einschlagen, während der Schläger noch auf dem Weg ins Netz ist, ist der Punkt bereits entschieden, bevor der Schläger das Netz berührt oder überquert. Deshalb Punkt für den Aufschläger.

13. Beispiel

Dem Aufschläger gleitet unmittelbar nach dem Aufschlag, der gut ist, der Schläger aus der Hand und fällt zu Boden; der Rückschläger verfehlt den Ball und reklamiert Wiederholung.

Entscheidung: Punkt für den Aufschläger;
im allgemeinen führt diese Sachlage nicht zu einer Unterbrechung und Wiederholung. Der Ballwechsel muß also bis zur Entscheidung zuende gespielt werden, in diesem Fall zugunsten des Aufschlägers.

14. Beispiel

Der Aufschläger schlägt den Ball so, daß er die Einzelstütze trifft und der Ball anschließend ins richtige Aufschlagfeld fällt.

Entscheidung: Fehler;
die Einzelstütze ist **beim Aufschlag** ständige Einrichtung, deren Berührung allein mit dem Ball Fehler ist (im Gegensatz zum Netz).
Beachte jedoch: Während des Ballwechsels ist es zulässig, wenn der Ball sonst gut ist.

Regeln zum Ballwechsel

Nach einem im Sinne der Regeln richtigen Aufschlag kann das eigentliche Spiel beginnen. Mit einem gelungenen ersten Rückschlag (Return) des Rückschlägers (Retournierender) beginnt der Ballwechsel. Art und Dauer eines Ballwechsels können natürlich sehr unterschiedlich sein. Je nach Spielkönnen und Temperament der einzelnen Spieler beschränkt sich ein Spielzug auf »Aufschlag - Rückschlag« oder er kann sich zu einem endlosen »Grundlinienduell« ausweiten. Der längste Ballwechsel dieser Art soll 1977 in Anaheim (Kalifornien) zwischen Cari Hagey und Colette Kavanagh stattgefunden haben. Die beiden elfjährigen Mädchen haben sage und schreibe 1029mal den Ball über das Netz geschlagen und dazu 51½ Minuten gebraucht. Ob nun auf diese oder jene Art, Ziel jedes Spielers ist es, den Ballwechsel erfolgreich zu beenden, und dabei spielen die Regeln eine entscheidende Rolle.

Gültiger Rückschlag

Der Rückschlag ist prinzipiell gültig, wenn der Ball den Boden im gegnerischen Spielfeld berührt, außerdem wenn er den Gegner berührt oder vom Gegner aus der Luft geschlagen wird. Eine dieser Grundvoraussetzungen muß erfüllt sein.

Um mögliche Mißverständnisse zu vermeiden, werden im folgenden einige Erläuterungen und besondere Fälle aufgezählt, in denen der Ball **auch gültig** gespielt ist:

- Der Ball kann sowohl aus der Luft als auch nach einmaligem Aufspringen gespielt werden.
- Der Ball berührt das Netz, das Seil oder Metallkabel, die Netzeinfassung oder den Netzhalter, vorausgesetzt, daß er oberhalb der Netzkante das Netz passiert.
- Der Spieler reicht beim Spielen des Balles über das Netz, **weil** der vom Gegner geschlagene Ball nach dem Aufsprung über das Netz zurückspringt oder zurückgeweht wird. Dabei darf aber weder der Spieler selbst noch irgendein Teil seiner Klei-

Gültig: Ein über das Netz zurückspringender Ball darf jenseits des Netzes geschlagen werden.

Gültig: Der Ball berührt das Netz und springt dann richtig ins Feld.

Gültig: Der Ball geht außen am Pfosten vorbei.

dung oder sein Schläger das Netz, die Pfosten, das Seil oder Netzkabel, die Netzeinfassung, den Netzhalter oder den Boden innerhalb des Spielfeldes des Gegners berühren.

- Der Ball wird an der Außenseite des Pfostens (beim Einzelnetz) oder der Einzelstütze vorbei zurückgeschlagen, sei es über oder unterhalb der oberen Kante des Netzes, selbst wenn er den Pfosten berührt. Vorausgesetzt er trifft sonst richtig ins gegnerische Spielfeld.
- Der Spieler reicht mit seinem Schläger über das Netz, nachdem er den Ball zurückgeschlagen hat; vorausgesetzt, daß der

Gültig: Der Ball wurde diesseits des Netzes getroffen, der Schläger reicht erst über das Netz, wenn der Ball es bereits überquert hat.

Gültig: Den Ball, der einen anderen im Feld liegenden trifft, erreicht der Spieler noch.

Ball das Netz überflogen hatte, ehe er geschlagen wurde und auch sonst ordnungsgemäß zurückgeschlagen wird.

- Es gelingt einem Spieler, den Aufschlagball oder den im Spiel befindlichen Ball zurückzuschlagen, nachdem dieser einen anderen im Spielfeld liegenden Ball getroffen hat.

Tip

○ Beachten Sie den Unterschied zwischen Netz und ständiger Einrichtung. Der Teil des Netzes und der Netzpfosten, der außerhalb der Einzelstütze steht, ist ständige Einrichtung außerhalb der Spielfeldlinien. Wird dieser Teil des Netzes vom Ball berührt, verliert der, der den Ball geschlagen hat, den Punkt. Siehe dazu auch das 1. Fallbeispiel S. 56.

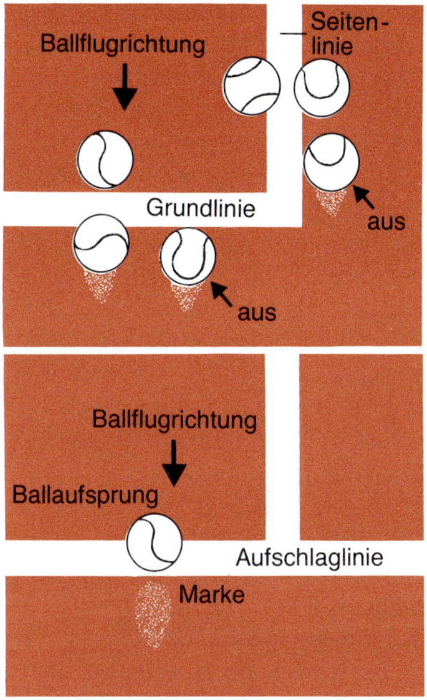

Aufsprung und mögliche Spuren des Balles. Unten ist eine Besonderheit beim Aufschlag oder bei schnellen Bällen an der Grundlinie dargestellt: der Ball springt auf der etwas höher stehenden Linie auf und die Marke ist erst wenige Zentimeter nach der Linie sichtbar.

Linienball

Fällt ein Ball auf eine Linie oder berührt er die Linie, die das Spielfeld begrenzt, ist er gültig. Die gesamte Linie ist Teil des Spielfeldes.

Der Linienball ist immer wieder Anlaß zu Streitigkeiten bei einem Wettspiel, deshalb soll hier etwas ausführlicher auf die damit zusammenhängenden Probleme eingegangen werden. An sich sind diese Regel und die anderen Bestimmungen des Regelwerkes zum Thema eindeutig:

Die Linien, die das Spielfeld (oder auch das Aufschlagfeld) begrenzen, gehören zum Spielfeld. Die Entscheidung ist kein Problem, wenn der Ball »auf die Linie fällt« oder besser gesagt mit seiner vollen Aufsprungfläche berührt. Man muß zur Verdeutlichung die Regel zu Hilfe nehmen, die aussagt, daß ein Spieler den Punkt verliert, wenn er den Ball so zurückschlägt,

daß er den Boden **außerhalb** derjenigen Linien trifft, die das Spielfeld des Gegners begrenzen. D. h., der Ball ist nur dann aus, wenn er mit vollem Umfang außerhalb der Linien aufspringt, also kein Teil der Linie berührt wird.
Schwer sind Bälle zu entscheiden, die gerade noch »ein Stück von der Linie haben«. Selbst gute Linienrichter haben hier manchmal Schwierigkeiten, die richtige Entscheidung zu treffen; wieviel schwieriger ist es dann für die Spieler, die mit ihrem eigenen Spiel schon beschäftigt genug sind, den Ball richtig zu sehen.
Während auf Teppich-, Asphalt- oder Grasboden eine Kontrolle für den Spieler nachträglich fast nicht möglich ist, kann auf den bei uns üblichen Sandplätzen der Abdruck des Balles überprüft werden, vorausgesetzt man hat sich den Aufsprungpunkt gemerkt bzw. man kann einen Abdruck erkennen.
Beim Spiel mit Schiedsrichter ist übrigens laut Regel die Kontrolle des Ballabdruckes auf Gras-, Teppich- und Asphaltboden, selbst wenn sie möglich wäre, generell nicht zulässig.

Tip

Nachfolgend sollen einige Orientierungshilfen beschrieben werden, mit denen »knappe Bälle«, zumindest auf üblichen Sandplätzen beurteilt werden können.

- **Nach dem Klang beim Aufsprung:**
  Ein Ball, der die Linie zum größten Teil berührt, verursacht ein »patschendes« Geräusch.

Ball gut oder aus: So sieht der Gegner den Aufsprung. Selbst aus nächster Nähe ist das oft nicht klar zu beurteilen.

- **Nach dem Absprungverhalten:** Ein Ball, der knapp vor die Linie oder auf den vorderen Teil der Linie (Grundlinie) fällt, springt meist steiler als normal ab. Ein Ball, der zum größeren Teil die Linie berührt, springt meist flacher als normalerweise ab. Allerdings kann ein Ball auch hinter der Grundlinie sehr flach wegrutschen, vor allem dann, wenn die Linie etwas höher steht, weil der Boden dahinter durch Abnutzung eine mehr oder weniger tiefe Grube bildet.
- **Nach den Spuren am Boden:** Auf einem bei uns üblichen Asche- oder Sandplatz läßt sich meist einem bestimmten Ballaufsprung ein eindeutiger Abdruck zuordnen. An ihm ist nachzuweisen, ob der Ball im Feld oder auf der Linie war und auch ob er die Linie noch oder nicht mehr berührt hat (siehe Abb. S. 49).
  Allerdings ist bei schnellen, in einem flachen Winkel auf der Linie direkt aufkommenden Bällen folgendes zu beachten: Vor allem wenn die Linie leicht hochsteht, kann es vorkommen, daß der Ballabdruck erst einige Zentimeter nach der Linie sichtbar wird. Eine besonders heikle Situation, die beim Aufschlag nicht selten auftritt.
- **Andere Anzeichen:** Die vorne angeführten Interpretationshilfen beziehen sich in der Regel auf Sandplätze.

Sehr schwierig ist die Beurteilung von zweifelhaften Bällen auf Asphalt- oder Betonplätzen, weil kein Abdruck geprüft werden kann. Auch das Absprungverhalten bei Linienbällen gibt keinen Anhaltspunkt für die Entscheidung, weil die aufgemalten Linien den Absprung nicht wesentlich verändern.
Auf Grasplätzen ist zwar selten auch ein Abdruck feststellbar, aber die Tatsache, daß ein Ball auf den mit Kreide markierten Linien »staubt«, kann hier weiterhelfen.

Punkt für den Gegner auf der anderen Seite des Netzes: Wenn der Ball vorher aufgesprungen war, gewinnt derjenige den Punkt, der geschlagen hatte.

Ball berührt eine ständige Einrichtung

- Berührt der im Spiel befindliche Ball eine ständige Einrichtung (außer alles, was zum Netz gehört), z. B. einen Linienrichterstuhl, **nachdem** er im Spielfeld des Gegners aufgesprungen ist, so gewinnt der Spieler, der ihn geschlagen hat, den Punkt.
- Trifft der Ball eine ständige Einrichtung, z. B. eine Lampe über dem Platz, **bevor** er auf dem Boden aufkommt, gewinnt der Gegner den Punkt.

Es soll zwar Spezialisten geben, die mehr als einmal in ihrem Tennisspieler-Dasein den Schiedsrichterstuhl treffen und dann den Ball ins gegnerische Feld zum unerreichbaren Querschläger springen »lassen«; aber diese Leute kennt man nur vom Hören-Sagen. Häufiger kann schon vorkommen, daß einer in der Halle den Ball gegen die Decke »donnert« und dann den ins Feld tropfenden Ball als gut reklamiert. Gegen solche Tennisfreunde kann ganz leicht mit dieser Regel argumentiert werden. Zu beachten ist hier auch wie bei der Regel »Gültiger Rückschlag«: Der Pfosten und der Teil des Netzes, der sich außerhalb der Einzelstützen auf einem für das Doppelspiel verwendbaren Spielfeld befindet, zählt zu den ständigen Einrichtungen.

Behinderung

- Wird ein Spieler durch irgendetwas, auf das er keinen Einfluß hat, im Schlagen behindert, wird der Punkt wiederholt. Ausgenommen von dieser Regelung ist die Behinderung durch ständige Einrichtungen (siehe »Ball berührt eine ständige Einrichtung«) oder durch den Gegner.
- Wenn ein Spieler eine Handlung begeht, die den Gegner an der Ausführung eines Schlages hindert, dann verliert er den Punkt, wenn dies absichtlich geschieht; geschieht es unbewußt, dann muß der Punkt wiederholt werden.

Oder anders ausgedrückt:

Der Punkt wird wiederholt, wenn unvorhergesehene äußere Einflüsse, wie ein ins Feld rollender Ball, den Spieler behindern.
Der Punkt geht verloren, wenn eine ständige Einrichtung den Spieler am Schlagen hindert.
Der Punkt wird gewonnen, wenn der Spieler vom Gegner bewußt behindert wird.

Tip

- ○ Seien Sie in jedem Fall fair! Oft erkennt man selbst, wenn der Gegner durch eigene Aktionen oder durch fremde Einflüsse gestört oder behindert wurde. Zum Beispiel ist lautes Rufen während des Ballwechsels oder ähnliches unter Umständen für den Gegner störend.
- ○ Reklamieren Sie, wenn Sie sich behindert oder gestört fühlen.

Punktverlust beim Ballwechsel

Zusammenfassend zu den Ausführungen zum Ballwechsel werden im folgenden die Fälle aufgeführt, die zum Punktverlust führen. Darüber hinaus sind natürlich noch die Fälle beim Aufschlag (siehe S. 39) und die Wettkampfregeln betreffenden Situationen zu beachten.
Ein Spieler verliert den Ballwechsel und damit den Punkt:

- Wenn er den Aufschlag des Gegners absichtlich oder unabsichtlich aus der Luft nimmt.
- Wenn der Ball den Boden unmittelbar nacheinander zweimal berührt, bevor er ihn zurückschlägt.
- Wenn er den Ball so zurückschlägt, daß dieser den Boden, eine ständige Einrichtung oder einen anderen Gegenstand außerhalb derjenigen Linien trifft, welche das Spielfeld begrenzen (siehe Abb. S. 54 oben).

Ballwechsel

Punktverlust: Ball trifft ständige Einrichtung (Schiedsrichterstuhl), Gegenstand außerhalb der Linien (Zaun), Boden außerhalb der Linien.

- Wenn er oder sein Schläger (gleichgültig, ob er diesen in der Hand trägt oder nicht) oder irgendetwas, das er trägt oder hält, das Netz, die Pfosten, das Seil oder Metallkabel, die Netzeinfassung, den Netzhalter oder den Boden im Spielfeld seines Gegners berühren, während der Ball im Spiel ist.

Punktverlust: Der Schläger berührt das Netz während der Ball noch im Spiel ist.

- Wenn er den Ball als Flugball nimmt, bevor dieser das Netz überflogen hat.
- Wenn er den Ball auf seinem Schläger absichtlich trägt oder auffängt oder ihn mit seinem Schläger **absichtlich** mehr als einmal berührt.
- Wenn der im Spiel befindliche Ball ihn oder irgendetwas berührt, das er trägt oder hält, ausgenommen seinen Schläger.
- Wenn er seinen Schläger nach dem Ball wirft, auch wenn er den Ball damit richtig zurückspielt.
- Wenn er absichtlich und wesentlich während des Ballwechsels die Form seines Schlägers verändert (was übrigens normalerweise mit einem Schläger nicht zu bewerkstelligen ist, wenn man ihn nicht zerstören will).

Punktverlust: Der Spieler reicht über das Netz, bevor der Ball es überflogen hat.

Punktverlust: Der Spieler wirft den Schläger nach dem Ball.

Fallbeispiele

1. Beispiel

Der Ball geht während eines Einzelspiels auf einem für das Doppelspiel verwendbaren Spielfeld durch eine Lücke zwischen Pfosten und Netz, d.h. außerhalb der Einzelstützen und unterhalb der Netzoberkante, ohne daß er Netz oder Pfosten berührt. Er trifft dann im Spielfeld auf.

Entscheidung: Der Ball ist gut; es gilt die Regel, daß ein Ball auch dann gültig ist, wenn er außen am Netzpfosten vorbeigespielt wird und das richtige Spielfeld trifft. Der Ball darf nur keinen Teil einer ständigen Einrichtung berühren, ausgenommen alles, was zum Netz gehört. Wenn er dabei Netz oder Pfosten berühren würde, wäre das »Berührung einer ständigen Einrichtung« und damit ein Punktverlust.

Gültig: Der Ball geht ohne Berührung durch eine Lücke im Netz, anschließend muß er richtig ins gegnerische Feld treffen.

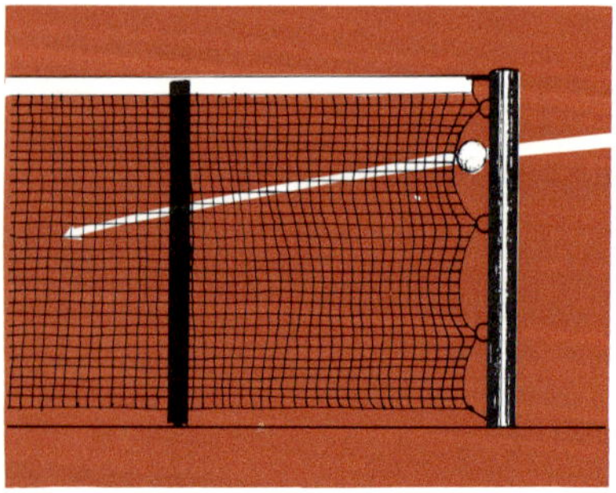

2. Beispiel

Der Ball trifft den Schiedsrichterstuhl (oder auch Hallendecke, Netzpfosten o.ä.) und prallt dann ins richtige Spielfeld.

Entscheidung: Punktverlust; der gespielte Ball berührt eine ständige Einrichtung **außerhalb** der Linien, die das Spielfeld begrenzen. Die Decke in einer Spielhalle zählt auch als außerhalb.

3. Beispiel

In einer Tennishalle fliegt ein Ball über die unter die Decke gehängten Lampen, ohne Decke und Lampen zu berühren.

Entscheidung: Der Ball ist gut; wenn der Ball in seiner Flugbahn nicht beeinflußt wird, wird keine Störung der Spieler angenommen, selbst wenn der Ball kurz aus dem Blickfeld verschwindet.

4. Beispiel

Der außerhalb des Spielfeldes stehende Spieler fängt den offensichtlich ausgehenden Ball aus der Luft.

Entscheidung: Punktverlust; die Regel besagt, daß der Spieler den Punkt verliert, wenn ihn der im Spiel befindliche Ball berührt. Solange der Ball aber noch nicht auf dem Boden außerhalb des Spielfeldes aufgesprungen ist, ist er im Spiel.

5. Beispiel

Vom Nebenplatz (oder anderswoher) rollt ein Ball ins Spielfeld.

Entscheidung: Wiederholung; gleichgültig in wessen Spielfeld der Ball rollt, der gestörte Spieler kann eine Wiederholung des Ballwechsels verlangen.

6. Beispiel

Der Gegner macht den Eindruck, als ob ihn irgend etwas irritiert hätte, schlägt aber den Ball richtig zurück. Der Spieler hat damit nicht gerechnet, und verschlägt den Ball. Er reklamiert Wiederholung des Ballwechsels.

Entscheidung: Punktverlust; die Tatsache, daß der Gegner irritiert erscheint, ist keine Handlung, die den Spieler am Schlagen hinderte und eine Wiederholung rechtfertigen würde.

7. Beispiel

Der Gegner ruft versehentlich laut: »Aus«, schlägt aber den Ball noch so zurück, daß ihn der Spieler nicht mehr retournieren kann.

Entscheidung: Wiederholung; bei einem derartigen Ruf handelt es sich um eine unabsichtliche Behinderung. Ist nachzuweisen, daß es absichtlich geschieht, z. B. dadurch, daß es beim selben Spieler mehrfach vorkommt, verliert er den Punkt.

Beim Spiel mit Schiedsrichter muß der Spieler wegen unsportlichen Verhaltens verwarnt werden.

8. Beispiel

Der Gegner versucht, während des Ballwechsels durch provozierendes Schwenken des Schlägers den Spieler beim Schlagen zu irritieren; - ein Benehmen, das vor allem beim Netzspiel häufig zu dem vom unsportlichen Anwender gewünschten Ergebnis führt.

Entscheidung: Punktgewinn; der Gegner behindert den Spieler absichtlich, deshalb wird dem Spieler der Punkt zugesprochen.

9. Beispiel

Während des Ballwechsels (oder auch unbemerkt vor dem Ballwechsel) platzt der Spielball.

Entscheidung: Wiederholung; weil keiner der Spieler Schuld an der Behinderung hat, die durch den defekten Ball eingetreten ist, muß der Ballwechsel wiederholt werden.

10. Beispiel

Die Besaitung am Schläger eines Spielers reißt während des Ballwechsels. Der Spieler unterbricht den Ballwechsel und verlangt Wiederholung des Ballwechsels.

Entscheidung: Keine Wiederholung, Punktverlust;

es ist denkbar, daß sich der Spieler auf eine Behinderung, auf die er keinen Einfluß hat, beruft. Anders aber als beim platzenden Ball ist er für den Zustand seines Schlägers und damit seiner Besaitung selbst verantwortlich. Wenn er das Spiel unterbricht, verliert er also den Punkt.

11. Beispiel

Der Spieler schlägt einen Schmetterball sehr nahe am Netz, so daß der Ball hoch und weit abspringt. Beim Ausschwung berührt er das Netz, bevor der Ball ein zweites Mal aufgesprungen ist.

Entscheidung: Punktverlust; auch wenn der Gegner scheinbar keine Chance mehr hat, den Ball zu erreichen, muß dem Spieler der Punkt aberkannt werden, weil er das Netz berührt hat, solange der Ball im Spiel war. Erst wenn der Ball ein zweites Mal aufgesprungen ist, ist er nicht mehr im Spiel (übrigens auch wenn er eine ständige Einrichtung berührt).

Zählweise

Für Tennisanfänger scheint die Zählweise zunächst ein Buch mit sieben Siegeln zu sein. Aber spätestens nachdem die ersten technischen Probleme mit Aufschlag, Vor- und Rückhand überwunden sind, und man sich mit Gleichgesinnten in einem Match messen will, muß man sich neben den Spielregeln mit der Zählweise beschäftigen.
Um die ungewöhnliche Punktezählung 15, 30 und 40 zu verstehen, muß man einen kleinen Ausflug in die Geschichte des Tennisspiels machen.
Der wesentliche Vorläufer unseres heutigen Spiels war das um das 14. Jahrhundert in Frankreich weitverbreitete »Paume«. Dabei wurde damals schon vorwiegend um Geld gespielt. Aus so mancher Bemerkung in der Literatur ist sogar abzuleiten, daß es regelrechte Berufsspieler gab. Boris Becker und seine Kollegen können also auf eine lange Tradition zurückblicken.
Es liegt also die Vermutung nahe, daß die Zählweise mit der damaligen Währung zu tun hatte. Tatsächlich wurde um 4 Sous für ein Spiel gekämpft. 1 Sous aber hatte 15 Deniers. Diese 15 Deniers mußten bei jedem verlorenen Punkt an den Pfosten gelegt werden. Beim dritten verlorenen Punkt hätte jeder 45 Deniers hinterlegt. Mit dem nächsten Fehler und dem Verlust

des Spiels waren natürlich auch die 45 Deniers weg. Irgendwann muß dann wohl, nachdem das Spiel nach England exportiert worden war, im englischen Sprachraum, in dem nicht mehr um französisches Geld gespielt wurde, die 5 bei 45 verschwunden sein. Und so zählen alle Tennisspieler »15 - 30 - 40 - Spiel«.
Bei der Gelegenheit sollen noch zwei Begriffe erklärt werden, die zwar lediglich in der englischen Fachsprache angewendet werden, die aber auf internationalen Turnieren und den entsprechenden Fernsehübertragungen immer wieder zu hören sind: »Deuce« und »Love«.
»Deuce« bezeichnet den Punktegleichstand in einem Spiel mindestens bei 40:40 (siehe S.60), auf Deutsch: Einstand. Die Jeu-de-Paume-Spieler bezeichneten diesen Punktestand mit »a deuce«. Die Engländer machten später einfach »Deuce«, allerdings in englischer Aussprache daraus
Noch abenteuerlicher sind die bisher angestellten Interpretationsversuche für das Wörtchen »Love«, was soviel bedeutet, daß einer von beiden Spielern noch keinen Punkt im laufenden Spiel gemacht hat. Ein Irrtum ist vermutlich die Meinung, daß das französische l'oeuf (das Ei) der Ursprung gewesen sein muß. Sicher haben diejenigen Recht, die dagegen einwenden, daß dann auch das französische Boeuf (das Rind) zum englischen Bove (nicht Beef) hätte werden müssen. Wahrscheinlicher ist schon, daß ein alter englischer Sinnspruch »neither for love nor for money« (weder aus Liebe noch für Geld) die Quelle unserer »Null« ist. Ins Tennisspiel schlich es sich möglicherweise so ein:
Nachdem Tennis im Mittelalter um Geld gespielt wurde, war der, der Punkte sammelte gleichzeitig der, der das Geld gewann. Derjenige, der nichts gewann, konnte sich trösten, daß er aus purer Liebe zum Tennisspiel spielte: for Love. Jetzt aber zurück zur aktuellen Zählweise.
Wie gleich noch erklärt, kann ein Spieler ein Spiel erst für sich verbuchen, wenn der andere nicht mehr als zwei Punkte gemacht hat, bevor er seinen vierten Punkt gewinnt. Das Prinzip, daß ein Spieler immer mindestens zwei Punkte mehr als der Gegner zum Gewinn des Spiels braucht, wird dann auch für den Satz angewandt; d.h., daß ein Spieler mindestens zwei Spiele mehr gewonnen haben muß, wenn er mindestens sechs Spiele gewonnen hat.
Durch diese Regelbestimmung ist ein besonderer Reiz des Wettkampfspiels Tennis begründet. Ein Tennisspiel ist wirklich erst **nach** dem letzten Ballwechsel entschieden. Die Tennisgeschichte kennt Beispiele, in denen Spieler, die schon hoffnungslos zurücklagen, noch das Match aus dem Feuer rissen und gewannen.

Zählweise

Allerdings ist auch ein Nachteil damit verbunden. Ein Satz kann Ewigkeiten dauern. Wenn beim Stande von 22:22 immer noch keiner der beiden Kontrahenten die Geduld oder die Kondition verliert, wird auch der letzte Zuschauer den Platz verlassen haben, weil er weiß, daß nur noch die Dunkelheit das Spiel beenden kann.
Um diese Situation zu vermeiden, ist das Tie-break-System eingeführt worden, das beim Stand von 6:6 im Satz zur Anwendung kommt. Eine Ausnahme bilden alle Davis-Cup-Spiele und der letzte Satz bei Matches der Internationalen Meisterschaften in Wimbledon.

Punkte und Spiel

Die im Verlauf eines Spiels gewonnenen Punkte werden folgendermaßen gezählt:

- Nach dem 1. Punkt: »15«
- Nach dem 2. Punkt: »30«
- Nach dem 3. Punkt: »40«
- Nach dem 4. Punkt: »Spiel«

Der vierte Punkt bedeutet allerdings nur dann den Gewinn des Spiels, wenn der Gegner bis dahin höchstens zwei Punkte erreicht hat (also »30«).
Wenn beide Spieler drei Punkte gewonnen haben, wird dies als »Einstand« (»Deuce«) bezeichnet, und der nächste von einem Spieler gewonnenen Punkt zählt »Vorteil« (»Advantage«) zu seinen Gunsten. Gewinnt derselbe Spieler den nächsten Punkt, gewinnt er das Spiel; gewinnt aber der andere Spieler den nächsten Punkt, so wird der Spielstand wieder mit Einstand bezeichnet und so weiter, bis einer der Spieler die beiden auf Einstand folgenden Punkte hintereinander gewinnt; dann hat er das Spiel gewonnen.

Spiele und Satz

Ein Spieler, welcher zuerst sechs Spiele gewinnt, hat den Satz gewonnen, wenn er bis dahin zwei Spiele mehr als sein Gegner gewonnen hat, der also dazu höchstens vier Spiele erreichen darf. Bestehen weniger als zwei Spiele Unterschied, wird der Satz solange weitergespielt, bis dieser Abstand hergestellt ist.

Tie-break

Das Tie-break-Spiel kann alternativ zu der Art der im vorigen Abschnitt beschriebenen Satzentscheidung angewendet werden, sofern diese Regelung vor Beginn des Spiels bekannt gegeben wurde. Als »Tie« wird im Englischen die Punktegleichheit bzw. der Gleichstand allgemein bezeichnet. Tie-break ist also eine Methode, um den immer wiederkehrenden Gleichstand im Verlauf eines Satzes zu »unterbrechen«.
Tie-break wird angewendet, wenn in einem Satz der Spielstand 6:6 erreicht wird;

Ausnahme: wie gesagt alle Davis-Cup-Spiele und der fünfte Satz eines Fünfsatz-Matches in Wimbledon.
Für ein Tie-break-Spiel gelten folgende Regeln:

- Der Spieler, der mit dem Aufschlag an der Reihe ist, schlägt zuerst von rechts für den ersten Punkt auf. Danach wechselt das Aufschlagrecht zum Gegner, der für den nächsten Punkt von links und den darauffolgenden von rechts aufschlägt. Anschließend schlägt jeder Spieler abwechselnd für zwei Punkte hintereinander auf, zuerst von links, dann von rechts, bis der Gewinner von Spiel und Satz ermittelt ist. Im Tie-break-Spiel werden die Punkte numerisch gezählt.
- Es wird also vom ersten Punkt an abwechselnd von der rechten und linken Platzseite aufgeschlagen, beginnend von der rechten Seite.
- Nach jeweils sechs Punkten und nach Beendigung des Tie-break-Spiels, also zu Beginn des nächsten Satzes, wechseln die Spieler die Seiten.
- Der Spieler, der zuerst sieben Punkte erreicht, gewinnt das Spiel und den Satz, vorausgesetzt er hat einen Vorsprung von zwei Punkten. Kommt es zu einem Spielstand von 6:6, dann wird das Spiel fortgesetzt bis einer der Spieler diesen Vorsprung erreicht hat.
- Der Spieler, der im Tie-break-Spiel zuerst aufschlägt, ist im ersten Spiel des folgenden Satzes Rückschläger.

Tip

Nochmal zur Verdeutlichung der Aufschlagreihenfolge folgendes Beispiel: Angenommen Sie haben das Recht als erster aufzuschlagen:

1. **Sie** schlagen **von rechts** auf.
2. Als nächstes schlägt **Ihr Gegner von links** auf.
3. Dann hat **der Gegner** noch einmal Aufschlag, diesmal **von rechts.**
4. Jetzt sind wieder **Sie** an der Reihe, und zwar **von links.**
5. Darauf schlagen **Sie von rechts** auf.
6. Zum nächsten Punkt müssen Sie den **Gegner von links** aufschlagen lassen, und anschließend ist der Seitenwechsel; denn jetzt sind sechs Punkte gespielt.
7. **Von der neuen Seite** aus hat der **Gegner** noch einen Aufschlag von **rechts,** womit Sie einmal »rum« sind (siehe 1.).

Jetzt wird Ihnen vielleicht auch klar, was der scheinbar seltsame Wechsel des Aufschlagrechts bedeuten soll: Er hat den Sinn, gleiche Chancen für die Spiele bezüglich des Aufschlags zu schaffen.

Zählweise

Satzhöchstzahl

Die Anzahl der Sätze beträgt höchstens fünf, in Wettbewerben mit Damen in der Regel höchstens drei. Auch bei den Herren wird bis auf wenige Ausnahmen die Satzhöchstzahl auf drei beschränkt. Bei der Höchstzahl fünf sind drei Gewinnsätze zum Gewinn des Matches notwendig (»best of five«), bei der Höchstzahl drei sind zwei Gewinnsätze notwendig (»best of three«).

Spielstand

Wird der Spielstand während eines Matches mündlich oder schriftlich festgestellt bzw. mitgezählt, wird immer zuerst die erreichte Zahl der Punkte des Aufschlägers genannt. Nach Abschluß eines Spiels wird zunächst der Spielestand des Führenden erwähnt. Also würde der im Schema bezeichnete Spielstand zwischen A und B bei Aufschlag von A folgendermaßen genannt werden:

	Punkte	Spiele	1.	2.
A	40	4	6	3
B	15	5	4	6

Der Spielstand ist: »40:15, im 3. Satz führt Spieler B mit 5:4, 1:1 in den Sätzen«.
Nach dem gleichen Prinzip sind auch viele der offiziellen Anzeigetafeln auf Turnierplätzen aufgebaut. Die Anzeigetafeln auf den Centre-courts der großen Turniere sind groß genug, um die Anzahl der einzelnen Spiele innerhalb aller Sätze aufzunehmen. Im obenstehenden Beispiel wäre auch noch zu entnehmen, daß A den ersten Satz mit 6:4 gewonnen und den zweiten Satz mit 3:6 verloren hat.

Tip

- Wenn Sie ohne Schiedsrichter spielen, bestimmen Sie Ihren Partner oder sich selbst (am besten den mit dem besseren Gedächtnis oder dem ehrlicheren) zum Mitzählen.
- Noch besser ist es, Sie zählen beide und haben damit eine gegenseitige Bestätigung. Es ist ärgerlich für beide, wenn die mühsam erkämpften Punkte durch falsches Zählen verlorengehen.

Doppelspiel

Die Doppelwettbewerbe scheinen bei den großen Turnieren etwas im Schatten der Einzelkonkurrenzen zu stehen. Die großen Stars konzentrieren sich meist auf die Einzelspiele, weil dort mehr Geld zu verdienen ist. Die Folge ist, daß auch das Publikum und die Medien ihre Aufmerksamkeit mehr den Einzeln zuwenden.

Allerdings haben viele Spitzenspieler den Wert des Doppels zur Verbesserung ihrer Reaktion und Technik vor allem am Netz erkannt. Das ist einer der Gründe dafür, daß z. B. heute alle schwedischen Spitzenspieler sowie Martina Navratilova und Boris Becker regelmäßig für die Doppelkonkurrenzen melden. Zudem hat man zumindest bei Boris das Gefühl, daß Doppelspielen Spaß macht. Und Spaß ist auch das erste Motiv tausender von Tennisspielern, die überall in den Vereinen ein unterhaltsames Doppel dem Einzel vorziehen. Häufig wird das Spiel zu viert auch durch die Platzknappheit zu den Hauptspielzeiten am Nachmittag oder an Wochenenden erzwungen.
Als Tennis um die Jahrhundertwende noch ausschließlich eine Sportart für die sogenannten besseren Gesellschaftsschichten war, war das »Mixed«, das gemischte Doppel, sehr beliebt.
Die vornehmen Damen und Herren konnten sich auf diese Weise zusammen galant und sportlich die Zeit vertreiben. Und auch heute ist das sicher eine der angenehmen Formen des Tennisspiels.

Prinzipiell gelten die Regeln für das Einzel auch für das Doppelspiel. Im folgenden sind die Ausnahmen und die Bestimmungen, die wiederholenswert erscheinen, aufgeführt.

Ausmaße des Doppelspielfeldes

Das Spielfeld für das Doppelspiel beträgt in der Breite 10,97 m, d. h. 1,37 m auf jeder Seite mehr als das Spielfeld für das Einzelspiel. Diejenigen Teile der Einzelspiel-Seitenlinien, welche zwischen den beiden Aufschlaglinien liegen, werden Aufschlag-Seitenlinien genannt. In jeder anderen Hinsicht soll das Spielfeld genau das gleiche sein, wie es im Abschnitt »Spielfeld« auf Seite 16 beschrieben ist. Diejenigen Teile der Einzelspiel-Seitenlinien, welche zwischen Grundlinie und Aufschlaglinie liegen, können auf beiden Seiten des Netzes fortgelassen werden.

Reihenfolge beim Aufschlag

Jedes Spielerpaar kann nur vor seinem ersten Aufschlagspiel in jedem Satz bestimmen, wer von beiden Partnern zuerst aufschlägt; dieser hat dann Aufschlag während dieses einen Spieles; im jeweils nächsten Aufschlagspiel muß der andere Partner aufschlagen. Das bedeutet, daß derjenige, der mit dem Aufschlag begonnen hat, im 1., 5., 9. usw. Spiel jeden Satzes und der Spieler des Gegners, der im 2. Spiel aufgeschlagen hat, auch im 6., 10. usw. aufschlägt.
Die Abfolge soll in dem nachfolgenden Schema verdeutlicht werden. Das Spielerpaar A/B tritt gegen Paar C/D an. A/B hat die Wahl

Positionen und Reihenfolge beim Rückschlag: Aufschlag von rechts.

gewonnen und den Aufschlag gewählt.
Nach diesem Schema vollzieht sich die Reihenfolge des Schlagens für die einzelnen Spieler eines Doppels. Einen gewissen Anhaltspunkt bieten die geraden bzw. ungeraden Spiele des Satzes. Die Spalte »Spielstand« der Tabelle zeigt einen möglichen Spielstand zu Beginn des jeweiligen Spiels, wobei zuerst die vom aufschlagenden Paar erreichte Zahl der Spiele genannt wird.

Reihenfolge für den Aufschlag (schematisch)

Spiel	A	B	C	D	Spielstd. z. B.	Aufschlag
1.	x				0:0	A
2.			x		0:1	C
3.		x			1:1	B
4.				x	1:2	D
5.	x				2:2	A
6.			x		2:3	C
7.		x			3:3	B
8.				x	4:3	D
9.	x				3:5	A
10.			x		5:4	C

Aufschlag von links.

Falsche Reihenfolge beim Aufschlag

Schlägt fälschlicherweise ein Spieler auf, der nicht an der Reihe wäre, soll der richtige Spieler aufschlagen, sobald der Fehler entdeckt wird. Die bereits gespielten Punkte und jeder vor der Entdekkung des Irrtums erfolgte Aufschlagfehler werden gerechnet. Wird der Irrtum erst am Ende eines Spiels bemerkt, so soll die veränderte Reihenfolge des Aufschlags beibehalten werden.

Reihenfolge beim Rückschlag

Jedes Paar kann vor seinem ersten Rückschlagspiel in jedem Satz bestimmen, wer von beiden Partnern zuerst retourniert; dieser nimmt also den ersten Aufschlag des jeweiligen Spieles auf der rechten Seite des Spielfeldes an (siehe Abb. links). Der andere Partner nimmt den zweiten Aufschlag auf der linken Seite an (siehe Abb. rechts), während der erste Partner wieder den nächsten Aufschlag von rechts retourniert usw.

Falsche Reihenfolge beim Rückschlag

Wird während eines Spiels die Reihenfolge der Aufschlagannahme von der rückschlagenden Partei geändert, so bleibt diese geänderte Reihenfolge bis zum Ende des Spiels, in dem der Irrtum entdeckt wurde; die Partner müssen aber im nächsten Spiel des Satzes, in welchem sie Rückschläger sind, die ursprüngliche Reihenfolge wieder einhalten.

Aufschlagfehler

Der Aufschlag gilt als Fehler in den Fällen, die unter »Aufschlagfehler« auf S. 35 aufgeführt sind, oder wenn der aufgeschlagene Ball den Partner des Aufschlägers berührt oder irgendetwas, was er trägt oder hält. Wenn jedoch der aufgeschlagene Ball, bevor er auf den Boden kommt, den Partner des Rückschlägers oder irgendetwas, was er trägt oder hält, berührt, so gewinnt der Aufschläger den Punkt.
Ausnahme: ein Netzball wird natürlich wiederholt.

Ballwechsel

Es steht den Partnern frei, ausgenommen beim Aufschlag und Rückschlag, welcher von beiden den Ball jeweils schlägt. Aber es darf immer nur ein Spieler den Ball berühren, bevor er über das Netz gespielt wird.

Zählweise im Doppel

Im Doppel wird genau wie beim Einzel gezählt. Das bezieht sich sowohl auf die Punkte als auch auf die Sätze (siehe S. 60).

Tie-break im Doppel

Vor allem im Tie-break-Spiel muß auf die Wechselfolge beim Aufschlag geachtet werden. Der Spieler, der mit dem Aufschlag an der Reihe ist, schlägt für den 1. Punkt auf.
Danach hat jeder Spieler in der gleichen Reihenfolge wie vorher in diesem Satz Aufschlag für zwei Punkte bis die Gewinner von Spiel und Satz entschieden sind.

Unter Wettkampfregeln sollen hier die Regeln und Bestimmungen aus dem Regelwerk der Internationalen Tennis Föderation (ITF), der Wettspielordnung des Deutschen Tennis Bundes (WSpO) und der Turnierordnung des Men's International Professional Tennis Council (MIPTC) zusammengefaßt werden, die für Sie als aktiven Spieler bzw. Spielerin von Bedeutung sind. Die Wettspielordnung (WSpO) ist eine Verordnung, die für alle Wettspielveranstaltungen gilt, die vom DTB, von den Verbänden, deren Vereinen oder von einem von dem zuständigen Mitgliedsverband genehmigten Turniervorstand abgehalten werden.
Für einen nationalen Spitzenspieler oder gar einen Profi reicht die Kenntnis dieser ausgewählten Regeln natürlich nicht aus. Auf einen Teil dieser weiterführenden Vorschriften (Regionalliga-, Bundesligastatut, MIPTC-Turnierordnung) wird noch später kurz eingegangen.
Hier werden wie gesagt Teile der Wettkampfbestimmungen aufgeführt, die hauptsächlich organisierte Wettkämpfe betreffen, die auf oder über dem Vereinsniveau liegen. Sie beziehen sich vor allem auf den geregelten Ablauf einer meist größeren Veranstaltung. Solche Veranstaltungen benötigen im Interesse der Spieler und auch der Zuschauer einige in den Regeln fixierte organisatorische Bestimmungen. Das ist für Sie nur wichtig, wenn Sie den Sprung ins mehr oder weniger ernsthafte Wettkampftennis geschafft haben. Sollte das noch nicht der Fall sein, dienen diese Regeln aber als Hilfe beim Beobachten der Stars und Sternchen der nationalen und internationalen Tennisszene auf dem Platz oder im Fernsehen.

Spielfeld und Tennisplatz

Die Spielfeldmaße und die sonstigen Vorschriften zum Spielfeld gelten für jede wettkampffähige Anlage, wie es in der Regel 1 der ITF-Regeln (siehe S. 14, 15) festgelegt ist.

Auslauf

Der seitliche und rückwärtige Auslauf zwischen Seiten- bzw. Grundlinien und den Platzbegrenzungen ist nur für internationale Veranstaltungen unter der Aufsicht der ITF vorgeschrieben: 6,40 m hinter den Grundlinien und 3,66 m seitlich der Seitenlinien.
Natürlich wären diese Abstände auch für jedes Match in der Kreisklasse wünschenswert, denn es macht einfach mehr Spaß Tennis zu spielen, wenn man nach einem einigermaßen gelungenen Lob des Gegners nicht gleich drei Meter hinter der Grundlinie im Zaun zum Stehen gezwungen wird. Aber leider sind die Verhältnisse nicht immer entsprechend. Und deshalb

werden diese Maße oben nicht zwingend für alle Platzanlagen vorgeschrieben.

Sportkleidung und Sportgeräte

Der § 11 der WSpO nimmt vor allem zur Kleidungsfarbe eindeutig Stellung. Durch moderne Textilien ist das bunte Tennisshirt zwar keine Frage der Hygiene mehr, aber der Deutsche Tennis Bund besteht prinzipiell auf weißer Tenniskleidung.
Während die Vereinigung der Tennisprofessionals trotz ihrer sehr detaillierten Vorschriften (siehe S. 98) keine Farbeinschränkungen kennt, machen einige Landesverbände des DTB Kompromisse, indem sie vorwiegend weiß vorschreiben. Im Einzelfall muß der Oberschiedsrichter nach den jeweilig gültigen Bestimmungen des DTB bzw. Regionalverbandes entscheiden.

Tip

- Im Zweifelsfall sind Sie mit weiß immer richtig angezogen.

Tennisschläger

Die Tennisschläger müssen der Regel 4 der ITF-Regeln entsprechen (siehe S. 24).

Tenniskleidung

- Die Tenniskleidung bei Wettspielen ist weiß.
- Während eines Wettspiels, einer Pressekonferenz oder Turnierzeremonie ist Werbung auf der Kleidung oder Ausrüstung eines Spielers folgendermaßen erlaubt:
  Das Markenzeichen des Herstellers von höchstens 13 cm^2: je eines auf jedem Ärmel des Tennishemdes, zwei auf der Vorderseite des Tennishemdes, zwei auf der Tennishose oder Tennisrock, je eines auf jedem Socken und jedem Schuh, je eines ohne Schrift auf der Kopfbedeckung, dem Stirn- und Armband.
  Das Markenzeichen des Herstellers auf dem Schläger und der Bespannung.
  Auf jedem Ärmel des Tennishemdes zusätzlich eine Fremdwerbung von höchstens 13 cm^2.
  Während des Wettspiels ist farbige Wärmekleidung erlaubt, wenn sie diesen Bestimmungen entspricht.
- Bei Mannschaftswettbewerben ist zusätzlich das Tragen des Vereinsnamens auf der Tenniskleidung bis zu einer Größe von 100 cm^2 gestattet.

Spielball

Es darf nur die in der Auschreibung angegebene Ballmarke und -farbe verwendet werden. Die Ver-

Erlaubte Werbeaufschriften bzw. Firmen-Logos auf der Tenniskleidung bei Wettspielen.

wendung verschiedener Ballmarken und -farben bei einem Turnier ist verboten.

Tip

- Erkundigen Sie sich rechtzeitig beim Turnierausschuß bzw. bei den Verbandssportwarten nach der Ballmarke.

Einschlagen

Jeder Turnierausschuß kann selbst festlegen, wie lange sich die Spieler vor Beginn des Wettspiels auf dem Platz einschlagen dürfen. Allerdings darf die Einschlagzeit 5 Minuten nicht überschreiten. Die Dauer muß vor Beginn der Veranstaltung bekanntgegeben werden.

Unterbrechung

Es muß vom ersten Aufschlag bis zum Schluß des Wettspiels ohne Unterbrechung gespielt werden. Diese Regelung gilt prinzipiell. Die folgenden Bestimmungen zur Unterbrechung nach dem zweiten bzw. dritten Satz sind Teil der ITF-Regeln. Turniere, die unter Kontrolle der MIPTC, wie z. B. der Grand Prix, stehen, kennen diese Pausenregelung nicht.

- Dessen ungeachtet hat jeder Spieler nach Beendigung des dritten Satzes (wenn Damen mitspielen des zweiten Satzes) den Anspruch auf eine Ruhepause, welche 10 Minuten nicht überschreiten darf. (In Ländern, die zwischen 15° nördlicher Breite und 15° südlicher Breite liegen, das sind tropische Zonen, darf diese Pause bis zu 45 Minuten dauern.) Bei Hallenspielen entfällt die Pause nach dem zweiten Satz für Damen und nach dem dritten Satz für Herren.
  Senioren(innen) haben in Senioren-Konkurrenzen nach Beendigung des zweiten Satzes Anspruch auf eine Ruhepause von höchstens 10 Minuten, auch bei Hallenspielen.
- Wenn Umstände, auf welche die Spieler keinen Einfluß haben, es erforderlich machen, kann der Schiedsrichter das Spiel für einen entsprechenden Zeitraum unterbrechen. Wenn ein unterbrochenes Wettspiel erst an einem der folgenden Tage fortgesetzt wird, darf die Pause erst nach dem dritten an diesem Tage gespielten Satz gemacht werden (wenn Damen mitspielen nach dem zweiten Satz); die Beendigung eines begonnenen Satzes zählt als ganzer Satz. Wenn ein unterbrochenes Wettspiel nicht vor Ablauf von 10 Minuten am gleichen Tage fortgesetzt wird, darf die Pause erst nach drei aufeinanderfolgenden, ohne Unterbrechung gespielten Sätzen gemacht werden (wenn Damen mitspielen nach dem zweiten Satz).
- Ein Wettspiel darf niemals unterbrochen, verzögert oder gestört werden, um einen Spieler ausruhen oder Atem schöpfen zu lassen.
- Spätestens 30 Sekunden nach dem Zeitpunkt, zu dem der Ball am Ende eines Punktes nicht mehr im Spiel ist, muß der Ball zum nächsten Punkt aufgeschlagen sein. Werden die Seiten gewechselt, muß der Ball zum ersten Punkt des nächsten Spiels spätestens 90 Sekunden nach dem Zeitpunkt aufgeschlagen sein, zu dem der Ball am Ende des Spiels nicht mehr im Spiel ist. D. h., daß man sich nach 1 Minute zum Spielen bereitmacht, also aufsteht und sich an seine Position zum Aufschlag bzw. Return begibt.
  Der Schiedsrichter muß eine Störung berücksichtigen, die es dem Aufschläger unmöglich macht, innerhalb dieser Zeit aufzuschlagen.
- Bei Verstößen gegen den Grundsatz, daß das Spiel nicht unterbrochen werden darf, kann der Schiedsrichter den Schuldi-

gen nach eindeutiger Verwarnung disqualifizieren.
Für alle Turniere, die unter der Kontrolle der MIPTC durchgeführt werden, gilt eine besondere Regelung (siehe S. 99).

Verletzung

Zu den Umständen, die eine Spielunterbrechung möglich machen, gehört die Verletzung eines Spielers. Um Mißbrauch, wie er in anderen Sportarten, bei Fußballspielen beispielsweise, häufig vorkommt, zu vermeiden, ist dieser Fall durch die ITF-Regel 30 und den Artikel VI der MIPTC-Turnierordnung sehr genau eingegrenzt.
Die Verletzung muß aufgrund eines sichtbaren Unfalls oder Ereignisses auftreten (z. B. Sturz, Umknikken, Zusammenstoß) und darf nicht schon vor Spielbeginn vorhanden gewesen sein. Behinderungen, die wegen mangelnder Kondition wirksam werden (z. B. Seitenstechen, übrigens auch Muskelkrämpfe) rechtfertigen keine Unterbrechung.
Für die Behandlung einer Verletzung kann der Spieler eine einmalige Pause von 3 Minuten beanspruchen. Er muß die Unterbrechung aber sofort nach dem sichtbaren Zwischenfall bis spätestens zum nächsten Seitenwechsel verlangen.
Wünscht der Spieler eine Behandlung durch den Trainer bzw. einen Turnierarzt und ist dieser sofort verfügbar, beginnen die 3 Minuten mit dem Anfang der Behandlung.
In Fällen, in denen der Trainer oder Arzt nicht gleich verfügbar ist, beginnt die Verletzungszeit erst mit dem Eintreffen.
Fällt die Behandlungspause in den Seitenwechsel, ist die verfügbare Zeit 4½ Minuten (90 Sekunden Wechselzeit plus 3 Minuten Behandlungszeit).
Ist kein Arzt o. ä. zum Zeitpunkt der Verletzung zur Stelle, sollte nach Möglichkeit solange weitergespielt werden, bis das der Fall ist.
Bei Grand-Prix-Turnieren ist allerdings ein von der Profi-Vereinigung eingesetzter Arzt oder Physiotherapeut anwesend, der umgehend die notwendigen Behandlungsmaßnahmen ergreifen kann.

Tip

○ Während im bezahlten Tennissport solche Regeln notwendig sind, um Chancengleichheit zu gewährleisten und Manipulationen zu verhindern, sollten Sie im Hobbytennis nicht so strenge Maßstäbe anlegen, denn schließlich ist ja die eigene wie die Gesundheit Ihres Gegners wichtiger als ein gewonnenes Match.

Beratung von Spielern (Coaching)

In einem Mannschaftswettkampf darf ein Spieler während eines Wettspiels von seinem Mannschaftsführer beraten werden, wenn dieser auf dem Platz sitzt. Die Beratung ist nur während der Pause beim Seitenwechsel nach Beendigung eines Spiels, aber nicht beim Seitenwechsel in einem Tie-break-Spiel zulässig.
In allen anderen Wettspielen darf ein Spieler nicht beraten werden. Die Vorschriften dieser Regel sind genau einzuhalten. Ein dagegen verstoßender Spieler kann nach eindeutiger Verwarnung disqualifiziert werden. Wenn ein anerkanntes Strafpunktsystem (z. B. der »Code of Conduct« der MIPTC, siehe S. 100) zur Anwendung kommt, hat der Schiedsrichter die Strafen nach diesem System zu verhängen.

Ersatz der alten durch neue Bälle

In vielen nationalen und internationalen Turnieren werden die Bälle nach einer vereinbarten Zahl von Spielen des Matches ausgewechselt. In Turnieren des Grand Prix geschieht das spätestens nach 11 Spielen, jedoch beim ersten Wechsel schon nach 9 Spielen, weil die Einspielzeit mit berücksichtigt wird. In der Bundesliga sind 13 Spiele üblich, wobei wegen der Einspielzeit beim ersten Mal nach 11 Spielen gewechselt wird. Bei besonders feuchten Witterungsverhältnissen können aber auf Anordnung des Oberschiedsrichters die Bälle schon früher ausgetauscht werden.
Wenn der Wechsel jedoch nicht zum richtigen Zeitpunkt geschieht, müssen die Bälle dann ausgetauscht werden, wenn der Spieler (oder beim Doppelspiel das Paar) wieder Aufschlag hat, der (das) mit den neuen Bällen hätte aufschlagen sollen.
Danach sind die Bälle wieder so auszutauschen, daß dazwischen jeweils die ursprünglich festgelegte Zahl von Spielen liegt.

Organisation von Wettspielen im DTB

Die folgenden Ausführungen beziehen sich auf Veranstaltungen, die im Einzugsbereich und in Verantwortung des Deutschen Tennis Bundes stattfinden. Angewendet wird die Wettspielordnung des DTB z. B. bei allen Deutschen Meisterschaften, aber auch bei nationalen oder internationalen Turnieren aller Art, die vom DTB ausgerichtet werden. Für Grand-Prix-Veranstaltungen gelten die Regeln der MIPTC. Die Tendenz geht auch für Veranstaltungen des DTB dahin, daß der örtliche Veranstalter weniger Einfluß auf den Ablauf der Spiele selbst nehmen kann. Verschiedene Funktionen des Turnierausschusses und der Turnierleitung würden dann, ähnlich wie das bei Grand-Prix-Turnieren durch das MIPTC geschieht, durch neutrale Gremien, die allerdings dann erst geschaffen werden müßten, übernommen werden.

Turnierausschuß

Der Veranstalter bildet einen Turnierausschuß. Dieser hat folgende Rechte und Pflichten:

- Ausschreibung des Turniers.
- Meldungen annehmen und eventuell zurückweisen.
- Auslosen der Spielpaarungen und Bekanntgabe der Auslosung.
- Verteilen der Ämter und Berufung des Oberschiedsrichters und seines Stellvertreters, des Turnierleiters und seines Stellvertreters.
- Wahren der Ordnung auf der Platzanlage und erforderlichenfalls Teilnehmer von der weiteren Teilnahme ausschließen.
- Entscheiden von Streitfragen auf Antrag, sofern nicht der Oberschiedsrichter, der Turnierleiter, der Schiedsrichter oder eine andere Instanz endgültig zu entscheiden hat.
- Entscheiden über Abbruch oder Fortsetzung des Turniers wegen ungünstiger Witterung oder aus anderen zwingenden Gründen (z. B. Einbruch der Dunkelheit).

Turnierleitung

Der Turnierleiter hat folgende Rechte und Pflichten, die er mit Zustimmung des Turnierausschusses auf andere übertragen darf:

- Festsetzen des Spielplans, Ansetzen der einzelnen Wettspiele, Zuteilen der Spielplätze.
- Aufruf der Spieler und erforderlichenfalls anwesende und nichtantretende Spieler streichen.
- Ernennen der Schiedsrichter, der Linienrichter usw.
- Ausgabe der Bälle.
- Abwicklung der Wettspiele.

Kein Mitglied der Turnierleitung darf gleichzeitig Oberschiedsrichter sein.

Oberschiedsrichter

Der Oberschiedsrichter bzw. in seiner Abwesenheit sein Stellvertreter hat folgende Rechte und Pflichten:

- Endgültige Entscheidung in allen Regelfragen, Kontrolle über das Einhalten der sonstigen Bestimmungen. Letzte Instanz bei allen Streitigkeiten, die nicht nach der Satzung, den Spielregeln oder den Bestimmungen der Wettspielordnung der endgültigen Entscheidung des Schiedsrichters oder anderer Instanzen unterliegen.
- Abbruch von Wettspielen wegen des Wetters, der Beleuchtung, der Bodenverhältnisse oder anderer schwerwiegender Gründe.

Organisation

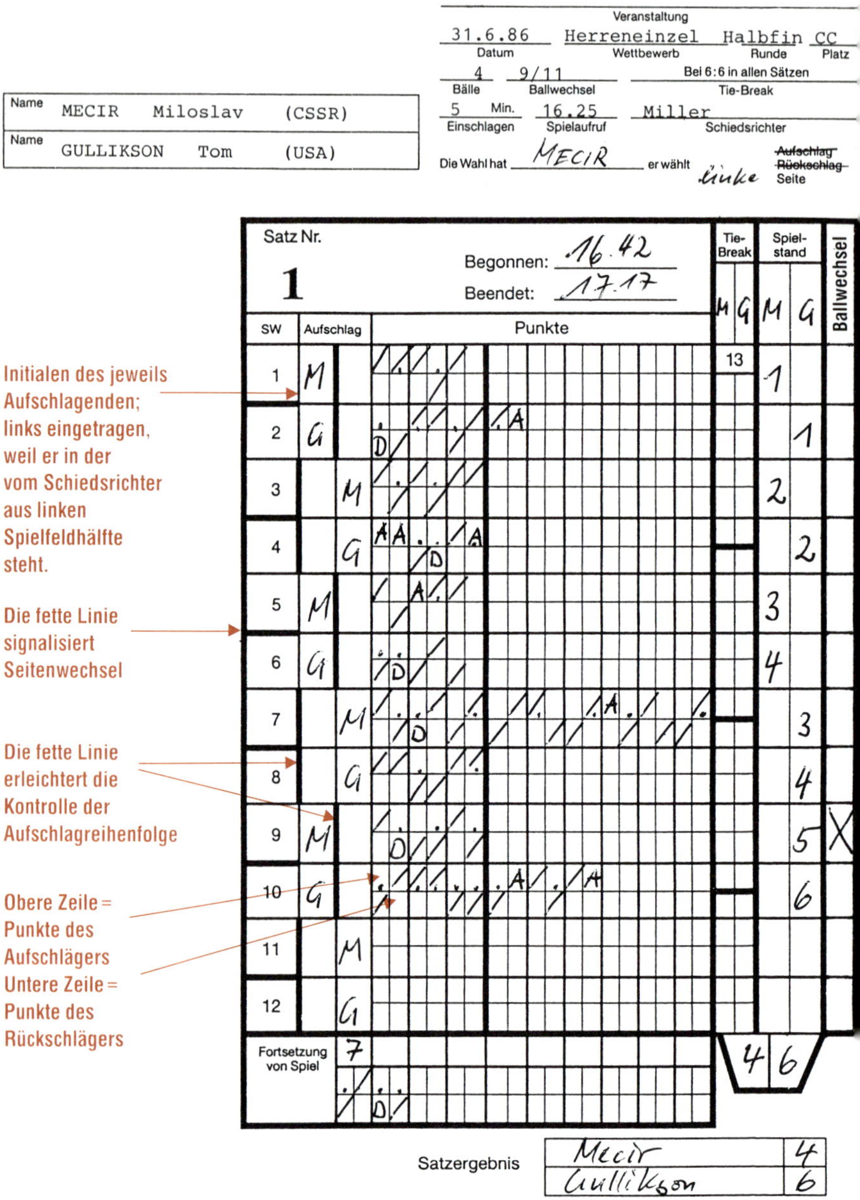

Schiedsrichterblatt

Aus Platzgründen sind hier nur die ersten beiden Sätze wiedergegeben.

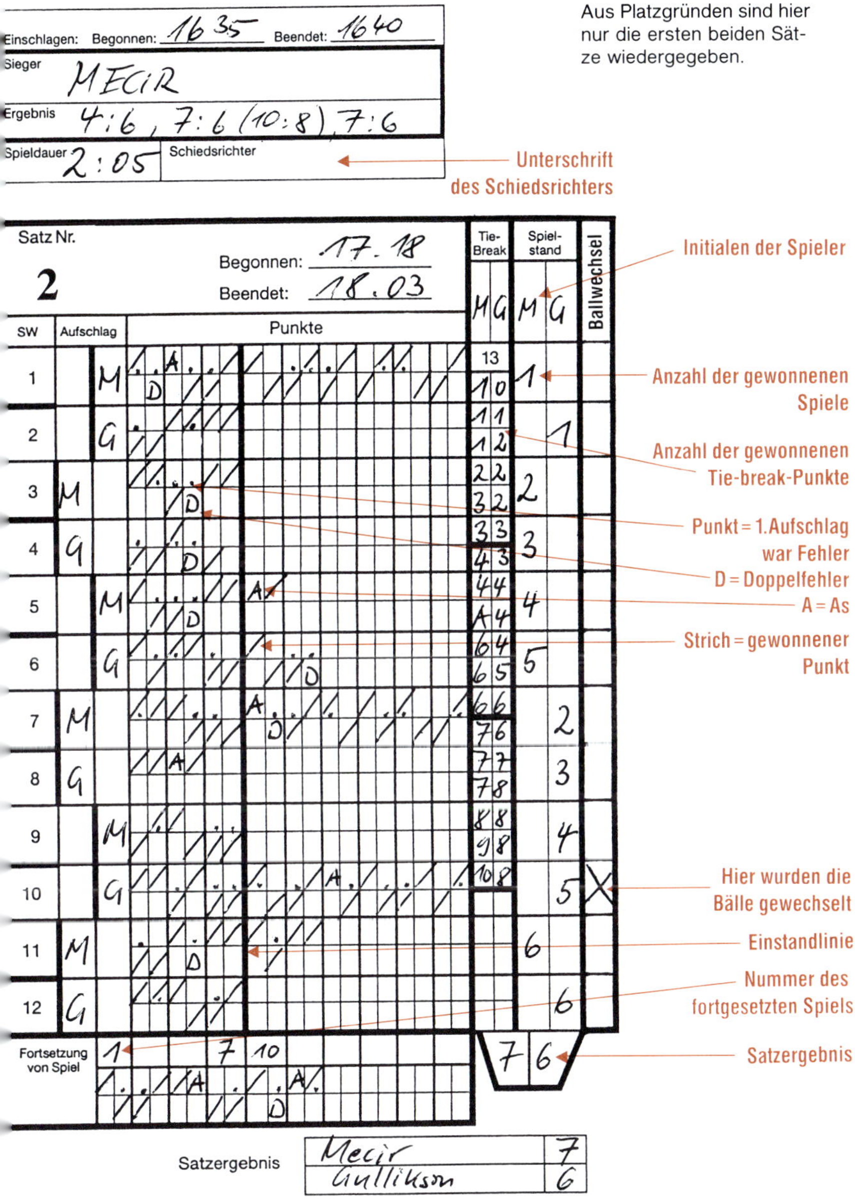

- Entscheidung über den Wechsel der Bälle nach einer bestimmten Anzahl von Spielen oder Sätzen.
- Einsetzen oder Abberufen von Schieds-, Linien-, Netz- und Fußfehlerrichtern.
- Entscheidung über den Ausschluß eines Spielers, der sich eines groben Verstoßes gegen die Vorschriften über Kleidung und Schläger oder den sportlichen Anstand schuldig gemacht oder durch Worte oder Handlungen seiner Mißbilligung wiederholt oder in verletzender Weise Ausdruck gegeben hat oder sich weigert, ein Schiedsrichteramt zu übernehmen.

Der Oberschiedsrichter darf nicht gleichzeitig Aufgaben der Turnierleitung ausüben.

Schiedsrichter

Wie in jeder Sportart gehören die Schiedsrichter auch im Tennis zu den wichtigen und umstrittenen Personen. Sie können den Verlauf eines Spiels durch ihr Verhalten positiv oder negativ beeinflussen. Deshalb sind an einen guten Schiedsrichter eine Reihe von Anforderungen zu stellen, aber er muß auch mit entsprechenden Rechten ausgestattet werden. Alle wichtigen Regelwerke und Verordnungen sehen deshalb einen eigenen Abschnitt über die Rechte und Pflichten des Schiedsrichters vor.

Natürlich hat auch das MIPTC die Bedeutung einer guten Schiedsrichterleistung für den Ablauf eines Matches und allgemein für das Ansehen des gesamten Tennis als Profisport erkannt. Deshalb hat sich das Council es sich zur Aufgabe gemacht, Schiedsrichter bestmöglich auszubilden. Die geeignetsten werden dann sogar als Profi-Schiedsrichter vom MIPTC eingestellt.
Im folgenden Abschnitt sollen im wesentlichen die Ausführungen der Wettspielordnung des DTB zitiert werden, die sich weitgehend mit den entsprechenden Regeln der ITF decken.
Jedes Wettspiel muß von einem Schiedsrichter beaufsichtigt werden, es sei denn, die am Wettspiel Beteiligten einigen sich auf ein Spiel ohne Schiedsrichter. Die Teilnehmer eines Turniers sind verpflichtet, auf Ersuchen des Turnierleiters oder seines Beauftragten das Schiedsrichteramt zu übernehmen.

Der Schiedsrichter hat folgende Rechte und Pflichten:

- Nachprüfen und erforderlichenfalls Berichtigen der Netzhöhe vor Beginn und auf Antrag eines Spielers oder nach eigenem Ermessen während des Wettspiels.
- Nachprüfen des ordnungsgemäßen Zustandes und der ordnungsgemäßen Ausstattung des Platzes und seines Zubehörs.

- Fehler und »Aus«-Bälle (soweit keine Linienrichter bestellt sind) laut und deutlich ansagen. Bekanntgeben des Standes der Punkte, Spiele, Sätze und Matchergebnisses.
- Führen des Schiedsrichterblattes: Eintragen der gewonnenen Punkte, Spiele, Sätze, Unterzeichnung, Ablieferung an die Turnierleitung.
- Darauf achten, daß spätestens 30 Sekunden nach jedem Ballwechsel der Ball wieder ins Spiel gebracht wird.
- Anweisung zum Seitenwechsel.
- Darauf achten, daß 90 Sekunden nach dem Seitenwechsel beide Spielparteien bereit sind. In der Regel kündigt der Schiedsrichter den Ablauf der Frist 30 Sekunden vorher durch »Zeit« bzw. »Time« an.
- Treffen von Tatsachenentscheidungen einschließlich der Korrektur von Entscheidungen der Hilfsrichter (»Overrule«, siehe im folgenden Abschnitt).
- Entscheidung aller Fragen der Regelauslegung, vorbehaltlich der Berufung an den Oberschiedsrichter.
- Wiederholen von Bällen, über die er aus irgendwelchen Gründen nicht entscheiden kann.

Auf die Gültigkeit des Wettspiels ist es ohne Einfluß, wenn der Schiedsrichter eine oder einzelne seiner Verpflichtungen versäumt. Die Entscheidungen des Schiedsrichters in Tatsachenfragen sind endgültig. Gegen seine Entscheidungen in Auslegungsfragen ist Berufung an den Oberschiedsrichter zulässig, der endgültig entscheidet; die Berufung ist als unzulässig zu verwerfen, wenn sie nicht unverzüglich erfolgt.

Jetzt noch ein Wort zu der eingangs schon angedeuteten schwierigen Position des Schiedsrichters (und übrigens auch der im folgenden behandelten Linien-, Netz- und Fußfehlerrichter). Er kann unmöglich immer Regelerfüllung, Spielerinteresse und Zuschauererwartung gleichzeitig gerecht werden. Für ihn hat zunächst einmal und in allererster Linie die Erfüllung und Auslegung der Regel Vorrang. Daß er dabei Fehler machen kann, ist menschlich und selbstverständlich. Aber bevor Spieler oder Zuschauer Entscheidungen des Schiedsrichters und seiner Helfer kritisieren, sollten sie sich genau überlegen, ob sie die Situation besser beurteilen können.

Linienrichter, Netzrichter, Fußfehlerrichter

Um dem Schiedsrichter seine schwierige Aufgabe zu erleichtern, werden vor allem bei großen und wichtigen Turnieren Linienrichter und auch Netzrichter sowie Fußfehlerrichter eingesetzt.

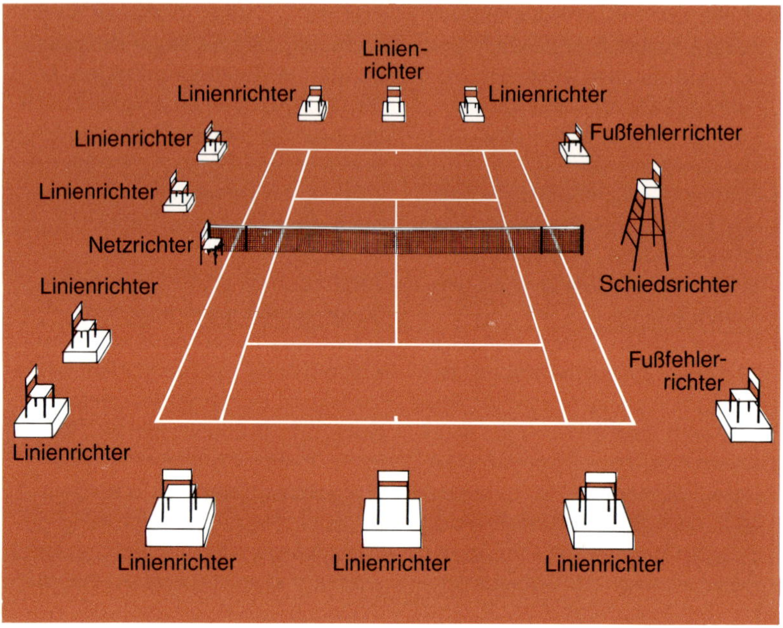

Volle Besetzung aller Schieds- und Hilfsrichter-Funktionen (1 Schiedsrichter, 13 Hilfsrichter).

Die Linienrichter entscheiden, ob der Ball an ihrer Linie innerhalb oder außerhalb des Spielfeldes aufspringt.
Der Netzrichter meldet Netzberührung des Balles beim Aufschlag. Während des Ballwechsels achtet er darauf, ob der Ball durch das Netz bzw. regelwidrig außerhalb des Netzes gespielt wurde.
Der Fußfehlerrichter zeigt die Berührung oder das Übertreten der Grundlinie beim Aufschlag an. Ist kein eigener Fußfehlerrichter eingeteilt, übernimmt der Linienrichter an der jeweiligen Grundlinie seine Aufgaben.

Da der personelle Aufwand für die Besetzung aller Linien, des Netzes und der Fußfehlerkontrolle die meisten Veranstalter überfordern würde, sind außer der vollen Mannschaft von 13 Hilfsrichtern auch alle Zahlen bis zu nur einem Linienrichter möglich.
Die Linien-, der Netz- und die Fußfehlerrichter sind nur für die ihnen zugewiesene Funktion zuständig. Sie fällen dabei die notwendigen Tatsachenentscheidungen. Diese Entscheidungen sind endgültig, ausgenommen wenn sie nach Ansicht des Schiedsrichters eindeutig falsch gewesen sind.

Zeichen der Linienrichter

Normalposition zum Beobachten der Linie.

Bestätigen eines knappen Balls als gut.

△ Ball war aus.

▽ Fußfehler.

△ Aufsprung des Balls nicht gesehen.

▽ Netzberührung des Balls.

In diesem Fall ist er berechtigt, die Entscheidung des Hilfsrichters abzuändern oder eine Wiederholung anzuordnen. Dieser Vorgang wird in der englischen Tennisterminologie als »Overrule« bezeichnet. Der Schiedsrichter korrigiert **unmittelbar** mit dem Ausruf »Correction« und gibt den Grund dafür an; z. B. »Correction, der Ball war gut.«

Bei der Beurteilung vor allem der Linienrichterleistungen sollte der Zuschauer am Fernsehschirm oder am Platz, bevor er Kritik übt, einiges berücksichtigen.
Er kann sich zwar auf eine Linie bzw. Aufgabe beschränken, aber er muß oft mit Handicaps fertigwerden:

- Er hat einen schlechteren Gesamtüberblick, weil er näher am Geschehen ist und außerdem die Aufgabe hat, sich auf einen Ausschnitt des Platzes zu beschränken.
- Er hat unter Umständen schlechte Lichtverhältnisse, weil ihn Scheinwerfer in der Halle oder die Sonne im Freien blenden oder weil diffuses Licht herrscht.
- Oft verdecken Spieler in der Bewegung die Sicht auf die Linie.
- Er muß aus der Nähe unglaublich schnell fliegende Bälle beurteilen. An der Aufschlaglinie bleiben ihm beispielsweise ca. 3/100 Sekunden, um einen mit ca. 200 km/h geschlagenen Ball wahrzunehmen. Das ist in der Halle, wo der Ball zudem keinen deutlichen Abdruck hinterläßt noch schwerer.
  Für hart an die Grundlinie gespielte Schmetterbälle gilt das gleiche, wobei hinzukommt, daß die Linie doppelt so lang wie die Aufschlaglinie ist.
- Stark cross gespielte Bälle, z. B. seitlich weggesetzte Volleys oder Schmetterbälle im Doppel, sind aus ähnlichen Gründen wie schnelle Aufschläge an der Aufschlaglinie in Grenzfällen für Linienrichter wie für Spieler sehr schwer zu beurteilen.

Aus Sicht des Linienrichters ist der vom Gegner kommende Ball (z. B. nach Aufschlag) an der Linie verdeckt.

- Langsam »segelnde« Stops, die an die Seitenlinie gespielt werden, sind wegen der ungewöhnlichen niedrigen Ballgeschwindigkeit in der Flugkurve und damit im Aufsprungpunkt schwer vorauszuberechnen.

Übrigens die meisten der international eingesetzten Linien- und Schiedsrichter haben trotz der Schwierigkeiten, mit denen sie fertigwerden müssen, Recht. Sollten Sie als Zuschauer anderer Meinung sein, dann bedenken Sie doch bitte, daß durch einen schrägen oder seitlichen Blickwinkel der Aufsprungpunkt bezüglich der Linie unmöglich genau beurteilt werden kann (siehe S. 50).

Spiel ohne Schiedsrichter

Zugegeben, es ist nicht ganz realistisch, zuerst die Ausnahme eines Spiels mit Schieds- und Linienrichtern zu behandeln und dann erst auf die überwiegend durchgeführte Form des Spiels ohne Schiedsrichter einzugehen.
Die Gründe dafür sind erstens die große Anzahl von Vorschriften, die vor allem nicht eingeweihte Zuschauer interessieren dürfte, und zweitens die Tatsache, daß von der Regel eigentlich vorgeschrieben wird, Wettspiele mit Schiedsrichter durchzuführen. Nur im Tennis gibt es die im sportlichen Regelwerk einmalige Ausnahme, daß das Spiel ohne Schiedsrichter durchgeführt werden kann, wenn sich die Beteiligten darauf einigen; diese Ausnahme ist aber vernünftig. Man stelle sich vor, daß die beispielsweise 300 Spiele, die in einem Tennisbezirk an einem Punktspiel-Sonntag jeweils gleichzeitig stattfinden, von vollen Besetzungen an Schieds- und Linienrichtern überwacht werden müssen: Das würde den Einsatz von ca. 3000 Personen bedeuten. So kommt es, daß die überwiegende Anzahl an Wettspielen ohne Schiedsrichter stattfindet.
Dazu ist Fairness das oberste Gebot! Was für Sport allgemein zu fordern ist, gilt für Tenniswettspiele ohne Schiedsrichter besonders. Aber selbst ohne bösen Willen sind manchmal unterschiedliche Auffassungen nicht zu vermeiden. Am häufigsten werden Spieler sich nicht einig, ob nun ein Ball innerhalb oder außerhalb gewesen ist. Eigentlich ist der Fall eindeutig: Entsprechend der Regel 29 der ITF-Regeln muß ein Ballwechsel wiederholt werden, wenn eine Tatsachenentscheidung nicht getroffen werden kann. Die Schwierigkeiten liegen im Detail, denn jeder meint, Recht zu haben. Hier hilft übrigens auch nicht die oft praktizierte Methode weiter, daß die Spieler jeweils auf ihrer Seite zu entscheiden haben. Abgesehen davon, daß eine solche Regelung nirgends vorgesehen ist, führt sie über kurz oder lang genauso zum Streit wie jede andere.

Turnierauslosung

Im Rahmen dieses Buches kann das Kapitel Turnierauslosung keine Anleitung für Organisatoren geben. Die heute noch im Bereich des DTB übliche Methode unterscheidet sich, allerdings nur geringfügig, von der international üblichen. Die Abweichung betrifft vor allem die Plazierung der gesetzten Spieler. Es sollen nur die wichtigsten Zusammenhänge, die zum Zustandekommen eines Turnierfeldes führen, erklärt werden. Da ist zunächst einmal die Konstruktion des Feldes wichtig, und dann welcher Spieler wie in die Spielliste kommt.

Spielliste

Entscheidend für die Konstruktion der Auslosung ist die Tatsache, daß Tennis in der Regel nach dem K. o.-System gespielt wird; d. h. von einer Spielerpaarung scheidet der Verlierer aus, der Gewinner steigt in die nächste Spielrunde auf. Am Ende soll ein einziger Sieger ermittelt werden. Aus mathematischen Gründen ist deshalb eine Teilnehmerzahl günstig, die eine Potenz von 2 darstellt. Also: $2^2 = 4$, $2^3 = 8$, $2^4 = 16$, $2^5 = 32$ usw. Die internationalen Turniere haben mindestens ein 32er-Feld, häufig auch ein 64er-Feld. Bei den größten Turnieren, auf jeden Fall bei allen Grand-Slam-Turnieren, treten 128 Teilnehmer im Hauptfeld an.

Freiplätze in der Spielliste (Rast bzw. »bye«)

Bei vielen Veranstaltungen, bei denen keine Qualifikation vorgeschaltet ist, wird die Zahl der gemeldeten Spieler keine Potenz von 2 sein. D. h., daß die Differenz zwischen Teilnehmerzahl und nächsthöherer 2er-Potenz durch Freistellen, sogenannte Rasten (engl. bye), ausgeglichen wird. Haben sich beispielsweise für ein 32er-Feld nur 27 Teilnehmer gemeldet, sind fünf Rasten notwendig. Diese Freiplätze, die ja für den benachbarten Spieler Freilose darstellen, sollen möglichst gleichmäßig auf das Feld verteilt werden. Auf jeden Fall kommen zunächst einmal die an 1 und 2 gesetzten Spieler am Anfang und Ende des Feldes in den Genuß einer spielfreien Runde. Die anderen Rasten werden abwechselnd unten und oben in den Feldhälften untergebracht: also auf Position 29 und 4 und zuletzt auf 27.

Gesetzte Spieler

Um zu vermeiden, daß zu Beginn des Turniers oder auch in einer der ersten Runden die spielstärksten Teilnehmer aufeinandertreffen, wird ein Teil dieser Spieler gesetzt. Die sogenannte Setzliste wird aufgrund der Weltranglistenplätze der Gemeldeten ca. 7 Tage vor Turnierbeginn zusammengestellt. Die Anzahl der Gesetzten richtet sich nach der Größe des Teilnehmerfel-

des. Bei 32er-Turnieren umfaßt die Setzliste acht Spieler, bei größeren 16 Spieler, bei 128er-Feldern können 32 Spieler gesetzt werden.
Damit erst möglichst spät die Gesetzten gegeneinander spielen, ist es wichtig, an welcher Stelle sie plaziert werden. Der Einfachheit halber wird hier ein 32er-Feld mit acht Gesetzten angenommen.
Man denke sich das Feld in zwei Hälften geteilt, eine untere und eine obere. Als erstes müssen die Favoriten, die Nummern 1 und 2 der Setzliste, getrennt werden: Also die Nummer 1 in die obere Hälfte auf Linie 1 und die Nummer 2 ans Ende der unteren Hälfte auf Linie 32. Damit ist gewährleistet, daß sie frühestens im Finale zusammentreffen. Zwischen den jeweils zwei nächsten entscheidet zumindest bei internationalen Turnieren das Los über die Plazierung in der oberen bzw. unteren Hälfte. In der Tabelle ist die Verteilung dargestellt.
Wenn man den möglichen Weg der gesetzten Spieler verfolgt, stellt man folgendes fest: Die Nummer 1 und die Nummer 2 treffen, vorausgesetzt sie kommen so weit, frühestens im Viertelfinale auf einen anderen gesetzten Spieler. Nachdem der aber als 7 oder 8 der Setzliste zu den vermeintlich schwächeren gehört, kann erwartet werden, daß der höher gesetzte ins Halbfinale vordringt, wo er auf Nummer 3 oder 5 bzw. 4 oder 6 trifft.
In der Praxis sieht es allerdings oft ganz anders aus. Denn auch jeder Ungesetzte hat natürlich eine reelle Chance bis ins Endspiel vorzudringen.

Auslosen der Turnierlistenplätze

Rang auf der Setzliste	Platz im 32er-Turnierfeld	
	1. Ziehung	2. Ziehung
3 oder 4	Linie 9	Linie 24
5 oder 6	Linie 16	Linie 17
7 oder 8	Linie 8	Linie 25

Direkt Zugelassene

Erstes und wichtigstes Ziel aller Tennis-Profis ist die direkte Zulassung zum Hauptfeld eines Turnieres. D. h., daß jeder versucht, die mühsame und wenig lukrative Prozedur der Qualifikation zu vermeiden. Maßgebend für die direkte Zulassung ist die Ranglistenposition ungefähr 42 Tage vor Beginn eines Grand-Prix-Turniers; bei einem Turnier der Challenger-Serie (siehe S. 118) ist nur eine Frist von ungefähr 21 Tagen einzuhalten.
Die Anzahl der auf diese Weise ausgewählten Spieler richtet sich nach der Größe des Feldes. Beispielsweise werden bei einem 32er-Feld die bestplazierten 23 bis 25 Spieler direkt ins Hauptfeld genommen (siehe dazu die Tabelle S. 85). Die restlichen Plätze werden durch Qualifikanten, Wild Cards und besondere Ausnahmefälle aufgefüllt.

Qualifikation

Die Qualifikation ist ein Turnier vor dem eigentlichen Turnier, das vor der Auslosung des Hauptturniers abgeschlossen sein sollte. Je nach Hauptfeld werden dabei 4 bis 16 Spieler aus dem Kreis derjenigen ermittelt, die zwar gemeldet haben, aber aufgrund ihres Weltranglistenplatzes nicht zur Hauptziehung zugelassen sind. Für die Aufstellung des Qualifikationsfeldes gelten natürlich die gleichen Richtlinien wie für jedes andere Turnier. Allerdings braucht kein Sieger ausgespielt zu werden, weil ja mehr als ein Spieler ins Hauptfeld aufsteigen soll. Wenn z.B. 32 Teilnehmer zur Qualifikation antreten, stehen die vier Qualifikanten schon nach dem Viertelfinale bzw. der dritten Runde fest. Die jeweiligen Qualifikationsplätze sind in der Tabelle weiter unten abzulesen.

Wild Card

Tennis ist zwar ohnehin ein attraktiver Zuschauersport, aber besonders anziehend wirkt natürlich ein Lokalmatador. Nicht immer kann ein Spieler des ausrichtenden Clubs oder aus der Umgebung des Ortes dank seines Weltranglistenplatzes im Hauptfeld ausgelost werden. Um dem Veranstalter die Chance zu geben, einen Spieler seiner Wahl im Turnier zu haben, obwohl er von der Weltrangliste her dazu nicht berechtigt wäre, hat man sogenannte Wild Cards eingeführt. Die Anzahl dieser Freiplätze richtet sich wieder nach der Größe des Turniers (siehe Tabelle).

Besondere Ausnahmen

Bei dem heutzutage übervollen Turnierkalender ergeben sich häufig Überschneidungen, vor allem wenn den eigentlichen Turnieren Qualifikationen vorgeschaltet sind. Es kann also leicht passieren, daß ein Spieler noch in einem Turnier im Hauptfeld beschäftigt ist, während er bei einem anderen schon in der Qualifikation antreten müßte. Der Spieler kann jetzt beim betreffenden Turnierdirektor, bei der Profivereinigung (ATP) oder dem Tennis Council (MIPTC) eine Ausnahme (Special Exempt) fernmündlich oder schriftlich beantragen, wenn folgende Bedingungen erfüllt sind:

- Der Spieler muß durch die Qualifiaktion des vorhergehenden Turniers ins Hauptfeld gelangt sein.
- Es muß der Einzelwettbewerb dieses vorausgehenden Turniers sein.
- Das vorausgehende Turnier muß gleich- oder höherrangig sein. Für den Extraplatz in einem Grand-Prix-Turnier muß das vorausgehende also mindestens auch ein Grand-Prix-Turnier sein.

- Das vorausgehende Turnier soll auf demselben Kontinent stattfinden wie dasjenige, für das die Ausnahme beantragt wird. Nur wenn zur gleichen Zeit kein entsprechendes Turnier auf demselben Kontinent stattfindet, kann ein anderes berücksichtigt werden.

Lucky Looser

Glück muß man natürlich auch und gerade im Sport haben. Einer mit besonderem Glück ist der Lucky Looser (glücklicher Verlierer). So werden diejenigen Spieler genannt, die ins Hauptfeld nachrükken können, ohne sich qualifiziert zu haben. In der Regel sind das Spieler, die in der Finalrunde der Qualifikation verloren haben. Sie werden für nicht antretende Spieler des Hauptfeldes eingesetzt. Stehen mehr Spieler als freiwerdende Plätze zur Verfügung, entscheidet der Weltranglistenplatz. Voraussetzung dafür ist, daß der Lucky Looser sich 1 Stunde vor Beginn jeden Spieltages in eine Liste eingetragen hatte, sich rechtzeitig beim Oberschiedsrichter gemeldet hatte und innerhalb 5 Minuten spielbereit ist.

Zusammensetzung eines Turnierfeldes

Insgesamt zugelassen	Direkt zugelassen	Spieler aus Qualifikation	Gesetzte Spieler	Wild Card	Besondere Ausnahmen
32	23- 25	4	8	3	0-2
48	36- 38	6	16	4	0-2
56	42- 44	7	16	5	0-2
64	49- 51	8	16	5	0-2
96	78	12	16	6	0
128	104	16	16	8	0

adidas

Jeder der Wettkampfsport betreibt, tut es unter anderem, um sich mit einem Gegner messen zu können. Dazu gehört, die Leistung mit der möglichst vieler anderer vergleichen zu können. In Sportarten mit meßbaren Ergebnissen, wie z. B. in der Leichtathletik, ist das sehr einfach. Der Inhaber des Weltrekordes ist gleichzeitig der Weltbeste; dahinter läßt sich die Rangliste entsprechend der erzielten Bestleistungen der einzelnen Athleten leicht aufstellen. Und wenn einer schon nicht seinen Platz in der Weltrangliste bestimmen kann, so weiß er doch wenigstens, wie weit er vom Rekord weg ist. Beim Tennis ist das viel schwieriger. Wie soll der Kreisklassenspieler seine Spielstärke im Verhältnis zu Ivan Lendl einschätzen? Es ist schon schwer genug zu beurteilen, wie weit er von der Nummer eins seines Klubs entfernt ist. Es genügt eben nicht festzustellen, daß die Ausholbewegung viel weniger dynamisch als auf nebenstehendem Foto ist. Trotzdem wird das schwierige Unterfangen einer Leistungsbewertung in Vereinen, Landesverbänden, im Deutschen Tennis Bund und im Welttennis mit Hilfe von Ranglisten versucht.
Das geschieht auf sehr unterschiedliche Art und Weise. Im folgenden sollen die jeweiligen Prinzipien im wesentlichen von der Vereinsebene bis zur Weltklasse dargestellt werden.

Die Clubrangliste

In den letzten Jahren war festzustellen, daß sich immer mehr der Clubkameraden um die sogenannten Forderungsspiele drückten. Vor allem diejenigen, die sich in höheren Gefilden der Rangliste aufhalten, erfinden oft alle möglichen Ausreden, um sich den ehrgeizigen, nach oben drängenden Spielern nicht stellen zu müssen. Verständlich, kein Mensch verliert gerne, schon gar nicht der Tennisspieler.
Aber die Rangliste hat nicht nur den Sinn, prestigeträchtige Positionen zu dokumentieren. Sie dient in erster Linie dazu, die verschiedenen Mannschaften des Clubs für die Punktewettkämpfe zu bestimmen. Und dafür ist es natürlich sinnvoll, clubintern die Rangfolge den realen Verhältnissen der Leistungsstärke entsprechend festzulegen.
Nachdem auch in kleineren Clubs aus Zeitgründen die Spielstärke des einzelnen nicht durch ein Spielsystem »Jeder gegen Jeden« gefunden werden kann, werden im wesentlichen zwei Verfahren angewandt: Forderungen in einer linearen Liste und Forderungen im Tannenbaumsystem. Für beide Systeme muß allerdings zunächst einmal eine Reihenfolge der Spieler festgelegt werden, die zwangsläufig Ungerechtigkeiten aufweist, wenn keine objektiven Auswahlkriterien vorliegen.

Ranglisten

Rangliste »Tannenbaum«
Die Nachteile der linearen Rangliste, wie langwieriges Nach-oben-Spielen oder Blockademöglichkeiten durch unwillige Spieler, können durch das Tannenbaumsystem weitgehend vermieden werden.
Der Tannenbaum besteht aus mehreren Reihen, von denen die oberste nur von der Nummer 1 gebildet wird, in der zweiten Reihe befinden sich die Nummern 2 und 3, in der nächsten Reihe stehen 4, 5 und 6. So wird das ganze Feld in nach unten immer breiter werdenden Reihen eingeordnet (siehe Abb.)
Von seinem Ranglistenplatz aus darf man einerseits nach links jeden Spieler in derselben Reihe und außerdem in der nächsthöheren Reihe jeden rechtsstehenden Spieler fordern. Gewinnt man das Forderungsspiel, rückt man an die Stelle des Geforderten, wodurch dieser und alle, die zwischen Forderer und Gefordertem standen, einen Platz zurückrutschen.
Für passive Mitglieder der Rangliste kann das bedeuten, daß sie sich eines Tages am Ende, sozusagen in der Wurzel des Baumes, wiederfinden, ohne ein Spiel verloren zu haben. Aber schließlich soll ja auch mit diesem System den aktiven Spielern die Chance gegeben werden, möglichst bald an die Spitze zu kommen.

Tannenbaum-Rangliste für Clubforderungsspiele

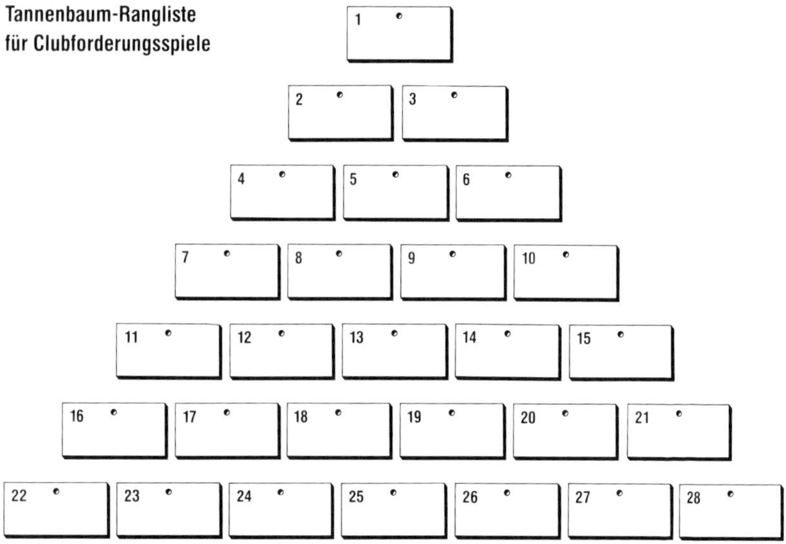

Rangliste linear

Es gibt natürlich viele Möglichkeiten, den Forderungsablauf bei der Rangliste, in der die Namen der Mitglieder entsprechend ihrer Leistungsstärke einfach hintereinander stehen, zu organisieren. Das Prinzip ist immer dasselbe: Ein Spieler kann immer nur den unmittelbar vor im stehenden fordern; der muß innerhalb eines gewissen Zeitraums antreten, sonst wird er kampflos überholt. Die Frist, das Rückforderungsrecht, das Forderungsbuch, die Einstiegsmöglichkeit u.ä. kann unterschiedlich geregelt werden.

Die deutsche Rangliste

Die deutsche Rangliste, die Ende eines Jahres für das folgende festgelegt wird, gilt 12 Monate unverändert. Damit unterscheidet sie sich grundlegend von den Weltranglisten, die wöchentlich für die Herren bzw. 14-tägig für die Damen neu erscheinen.
Die Deutsche Interessenvertretung der Tennis Turnierspieler (DITT) ist zuständig für die Aufstellung der Listen, die für Damen, Herren, Seniorinnen, Senioren, Jungsenioren, Juniorinnen, Junioren, Jugend weiblich und Jugend männlich geführt werden. Die Einordnung in die jeweilig zutreffende Rangliste geschieht folgendermaßen: Der Platz des Vorjahres wird mit einem bestimmten Punktewert honoriert. Für Plazierungen in der Weltrangliste erhalten Spieler weitere Punkte. Gewinnt jetzt ein Spieler gegen einen anderen, so erhält er dessen Punkte gutgeschrieben.
Weil durch diese Art von Vergleich untereinander sich die Ausgangspunktzahl verändert, muß das Ganze mehrmals wiederholt werden, bis ein stabiles Ergebnis herauskommt. Mit Hilfe des Computers können heute in zehn bis zwölf Rechengängen die 15 besten Ergebnisse eines jeden Spielers (Spielerin) verglichen werden. Wenn die Rangliste in zwei Rechengängen hintereinander unverändert bleibt, steht die offizielle Fassung.
Es müssen mindestens vier Ergebnisse vorliegen, wenn ein Spieler in die Rangliste aufgenommen werden soll.
Die deutsche Rangliste der Männer umfaßt zur Zeit 100 Spieler, die der Damen 75 Spielerinnen.
Neben der Hauptrangliste werden noch sogenannte Zusatzranglisten geführt, die mit a, b und c bezeichnet werden. Die Ranglistennummern mit dem Zusatz a, b und c stufen den Inhaber der Nummer genauso ein wie den Inhaber der Nummer in der Hauptrangliste.
Die **Zusatzrangliste a** enthält alle Spieler (Spielerinnen), die wegen Krankheit, Verletzung o.ä. im Vorjahr nicht genügend Ergebnisse für eine Einstufung erzielt haben.

In der **Zusatzrangliste b** sind alle Spieler geführt, die aus anderen Gründen nicht in die Hauptrangliste eingestuft werden können. Dazu gehören beispielsweise Spieler, die zwar eine bestimmte Leistungstärke haben, aber aus beruflichen Gründen kaum mehr Turniere spielen. Um kein Ungleichgewicht bei Mannschaftsspielen, zu denen sie eingesetzt werden, zu haben, müssen diese Spieler klassifiziert sein.
Die **Zusatzrangliste c** ist für alle Ausländer vorgesehen, die im Bereich des DTB in Mannschaften der Vereine spielen. In Bundesliga und Regionalliga darf beispielsweise jeweils ein Ausländer mitspielen. Bei gleicher Ranglistennummer ist allerdings der Ausländer dem deutschen Spieler nachgestellt.

Weltranglisten

Entscheidend für die Bewertung eines Spielers oder Spielerin ist die Weltrangliste. An ihr läßt sich der aktuelle Leistungsstand feststellen. Daneben zeigt die Weltrangliste vor allem den Marktwert des Klassifizierten an. Je höher er eingestuft ist, umso größer ist seine Chance, einen der lukrativen Verträge mit der Sportartikelindustrie oder anderen Branchen zu erhalten. Die Top Ten bei den Damen und Herren, wie Martina Navratilova oder Boris Becker, gehören zu den meistverdienenden Sportlern der Welt.
Aber man darf über die Stars des internationalen Tennis-Zirkus nicht die anderen ungefähr 1500 weiblichen und männlichen Tennisprofis vergessen. Die tingeln nämlich teilweise am Rande des Existenzminimums von Turnier zu Turnier, ohne überhaupt sicher zu sein, den Rechnungsbetrag für ihre Unterkunft verdienen zu können.
Der eigentliche Grund für die Einführung der Computer-Weltranglisten der internationalen Profivereinigungen war, einen gerechten Maßstab für die Zulassung ins Hauptfeld zu haben. Früher war es dem Gutdünken des Turnierdirektors überlassen gewesen, wen er von den gemeldeten Spielern in »seinem« Turnier spielen läßt, heute muß er streng nach der Reihenfolge in der Weltrangliste vorgehen.
Es gibt dafür nur jeweils eine maßgebende Rangliste bei Damen und Herren. Für die Damen ist das die von der Women's International Tennis Association (WITA) und für die Herren die von der Association of Tennis Professionals (ATP) aufgestellte Computer-Rangliste.
Andere Listen, die manchmal in der Presse zu sehen sind, sind Ergebnislisten von Turnierserien, wie Nabisco-Grand-Prix oder Virginia-Slims-World-Championship-Series.
Die Computer-Rangliste der ATP existiert seit 1973. Auslöser für ih-

re Einrichtung war dem Vernehmen nach Niki Pilic, der heute als Teamchef der deutschen Mannschaft fungiert. Er hatte aufgrund eigener Aufzeichnungen der ATP nachweisen können, daß Ungerechtigkeiten und Unsauberkeiten bei der Zulassung von Spielern in den Turnieren vorgekommen waren. Daraufhin wurde das Computer-System eingeführt, das im großen und ganzen auch für die Rangliste der Damen (siehe S. 96) angewendet wird.

ATP-Weltrangliste

Der Sinn des Ranglistensystems der ATP ist, eine Methode anzubieten, nach der alle Tennisprofessionals leistungsgerecht zu einem Turnier zugelassen und gesetzt werden können (zur Setzliste siehe S. 82).
Der Rang, den der Spieler in der Computerliste einnimmt, ist dafür ausschlaggebend. Für die Errechnung dieses Ranges sind verschiedene Kriterien maßgebend:

1. Der Zeitraum von 52 Wochen (1 Jahr).
2. Die Klassifizierung der jeweils gespielten Turniere.
3. Die Ranglistenposition der besiegten Gegner.
4. Die erreichte Runde in den einzelnen Turnieren.
5. Die Anzahl der im Berechnungs-Zeitraum (52 Wochen) gespielten Turniere.

Geltungsdauer

Die Ergebnisse der letzten 52 Wochen werden berücksichtigt. Das heißt, daß immer die Punkte, die 53 Wochen oder mehr vorher gewonnen wurden, wegfallen.

Klassifizierung der Turniere

Neben dem unmittelbaren Spielerfolg ist die Klasse bzw. Stärke eines Turniers für die Punktezahl ausschlaggebend. Je nach Position auf der Weltrangliste schlagen die Profis bei der Wahl der Turniere eine unterschiedliche Taktik ein. Während viele versuchen, auf kleinen Turnieren sich durch gute Plazierungen die notwendigen Punkte zu ergattern, um weiter klettern zu können, müssen die Stars darauf achten, vor allem in den hochklassigen Turnieren ihren Punktedurchschnitt zu halten bzw. auszubauen. Die »Klasse« eines Turniers wird durch die Anzahl der Sterne ausgedrückt, die folgendermaßen zustande kommt.

Höhe des Preisgeldes:

je 1 Stern für jeweils volle 25 000 bis zur Höhe von 150 000 Dollar
je 1 Stern für weitere volle 50 000 Dollar bis zur Höhe von 500 000 Dollar
je 1 Stern für weitere volle 75 000 Dollar bis zur Höhe von 1 025 000 Dollar
je 1 Stern für weitere volle 100 000 Dollar über 1 025 000 Dollar.

Wenn Hospitality angeboten wird, d.h., daß die Spieler des Hauptfeldes für wenigstens 7 Tage ein von der ATP akzeptiertes Hotelzimmer kostenlos zur Verfügung gestellt bekommen, erhöht sich das bewertete Preisgeld wie folgt:
bei einem 32er-Feld um 25000 Dollar
bei einem 48er-Feld um 37500 Dollar
bei einem 56er-Feld um 43750 Dollar
bei einem 64er-Feld um 50000 Dollar
bei einem 96er-Feld um 75000 Dollar
bei einem 128er-Feld um 100000 Dollar.

Damit ein Turnier in die »Sternkategorien« vorrückt, muß das Preisgeld mindestens 25000 Dollar betragen.

Größe des Teilnehmerfeldes:
0 Stern für 32er-Feld
1 Stern für 48er-Feld
2 Sterne für 56er-Feld
3 Sterne für 64er-Feld
4 Sterne für 96er-Feld
6 Sterne für 128er-Feld.
Voraussetzung für diese Sterngutschriften ist, daß das Turnier ein Preisgeld von wenigstens 150000 Dollar hat. Turniere mit 96er- und 128er-Feldern müssen für eine Sterngutschrift mindestens 200000 Dollar Preisgeld haben.
Die Mindestzahl der Teilnehmer ist also 32.

Bonuspunkte

Zusätzlich zu den Punkten aus dem Turnierergebnis können Punkte aus Erfolgen über Spieler der vorderen Plätze der Weltrangliste gewonnen werden. Die Punktezahl ist umso größer je höher der besiegte Spieler zwischen Rang 1 und 150 plaziert ist.

Verteilung der Bonuspunkte

Ranglistenplatz	Bonuspunkte
1– 5	30
6– 10	24
11– 15	20
16– 20	16
21– 30	12
31– 50	6
51– 75	3
76–100	2
101–150	1

Ist ein Spieler über die Qualifikation in das Hauptfeld gekommen, erhält er dafür 1 Bonuspunkt. Hat er auf seinem Weg ins Hauptfeld einen Spieler der ersten 150 besiegt, erhält er einen weiteren Punkt. Insgesamt kann er aber höchstens 3 Punkte aus der Qualifikation gutgeschrieben bekommen.

Turnier-Punkte

Aufgrund der vorher beschriebenen Klassifizierung werden bei den einzelnen Turnieren je nach Spielergebnis die Punkte für die Berechnung des Ranglistenplatzes vergeben. D. h. je weiter der Spieler im Turnier kommt, umso mehr Punkte kann er erringen. Die Punkte werden entsprechend der untenstehenden Tabelle verteilt.

Punkteverteilung nach der Turnierkategorie

Turnier-kategorie	Punktegutschrift							
Sterne	Sieger	Finalist	Halbfinalist	Viertelfinalist	letzte 16	(letzte) 32	(letzte) 64	128
40*	410	308	205	103	52	26	13	1
39*	400	300	200	100	50	25	13	1
38*	390	293	195	98	49	25	13	1
37*	380	285	190	95	48	24	12	1
36*	370	278	185	93	47	24	12	1
35*	360	270	180	90	45	23	12	1
34*	350	263	175	88	44	22	11	1
33*	340	255	170	85	43	22	11	1
32	330	248	165	83	42	21	11	1
31*	320	240	160	80	40	20	10	1
30*	310	233	155	78	39	20	10	1
29*	300	225	150	75	38	19	10	1
28*	290	218	145	73	37	19	10	1
27*	280	210	140	70	35	18	9	1
26*	270	203	135	68	34	17	9	1
25*	260	195	130	65	33	17	9	1
24*	250	188	125	63	32	16	8	1
23*	240	180	120	60	30	15	8	1
22*	230	173	115	58	29	15	8	1
21*	220	165	110	55	28	14	7	1

Turnier-kategorie	Punktegutschrift							
Sterne	Sieger	Finalist	Halbfinalist	Viertelfinalist	letzte 16	(letzte) 32	(letzte) 64	128
20*	210	158	105	53	27	14	7	1
19*	200	150	100	50	25	13	7	1
18*	190	143	95	48	24	12	6	1
17*	180	135	90	45	23	12	6	1
16*	170	128	85	43	22	11	6	1
15*	160	120	80	40	20	10	5	1
14*	150	113	75	38	19	10	5	1
13*	140	105	70	35	18	9	5	1
12*	130	98	65	33	17	9	5	1
11*	120	90	60	30	15	8	4	1
10*	110	83	55	28	14	7	4	1
9*	100	75	50	25	13	7	4	1
8*	90	68	45	23	12	6	3	1
7*	80	60	40	20	10	5	1	–
6*	70	53	35	18	9	5	1	–
5*	60	45	30	15	8	4	1	–
4*	50	38	25	13	7	4	1	–
3*	40	30	20	10	5	1	–	–
2*	30	23	15	8	4	1	–	–
1*	20	15	10	5	3	1	–	–

Anzahl der gespielten Turniere (Divisor)

Die in 52 Wochen insgesamt erreichten Punkte werden nun durch die Anzahl der gespielten Turniere geteilt; dabei muß allerdings folgendes beachtet werden:

- Die Zahl, durch die geteilt wird (Divisor), ist mindestens 12; d. h., daß ein Spieler, der weniger als 12 Turniere gespielt hat, seinen Punktedurchschnitt verschlechtert.
- Hat ein Spieler wenigstens 14 Turniere gespielt, wird der Divisor um 1 reduziert, wenn mindestens ein Grand-Prix-Turnier dabei war; d. h., bei z. B. 15 gespielten Turnieren wird seine Gesamtpunktzahl durch 14 geteilt.
- Hat ein Spieler wenigstens 19 Turniere gespielt, wird der Divisor um 2 reduziert, wenn mindestens zwei Grand-Prix-Turniere dabei waren.
- Hat ein Spieler wenigstens 23 Turniere gespielt, wird der Divisor um 3 reduziert, wenn mindestens drei Grand-Prix-Turniere dabei waren.
- Hat ein Spieler wenigstens 27 Turniere gespielt, wird der Divisor um 4 reduziert, wenn mindestens vier Grand-Prix-Turniere dabei waren.
- Hat ein Spieler wenigstens 31 Turniere gespielt, wird der Divisor um 5 reduziert, wenn mindestens fünf Grand-Prix-Turniere dabei waren.

Beispiel: S. E. hat in 17 Turnieren 1481 Punkte gesammelt:
1481 : (17 – 1) = Punkteschnitt 92,5625.
B. B. hat in 20 Turnieren 1590 Punkte gesammelt:
1590 : (20 – 2) = Punkteschnitt 88, 3333.

»Ungereimtes« der Rangliste

Der gesunde Menschenverstand eines Tennisinteressierten sagt ihm, daß der Sieger eines Turnieres vor allen anderen Teilnehmern des Wettbewerbs rangiert. Wenn er allerdings diese Erkenntnis auf die Weltrangliste übertragen will, muß er häufig feststellen, daß diese Regel hier nicht gilt. Es ist schon vorgekommen, daß ein Spieler den nach ihm plazierten zweimal schlägt und trotzdem von ihm überholt wird. Wie kann das sein? Es hat mit dem Bemessungszeitraum und dem Divisor zu tun. Sie erinnern sich, maßgebend für den Ranglistenplatz ist der Punkteschnitt, der sich aus der Gesamtpunktzahl und den gespielten Turnieren in einem Jahr ergibt. Sehen Sie sich bitte das folgende **Beispiel** genau an:
Die beiden Spieler S. E. und B. B. stehen zu einem bestimmten Datum auf den Weltrangplätzen 2 und 3.
S. E. hat einen Punkteschnitt von 92,5625.
B. B. hat einen Punkteschnitt von 88,3333.

Die durchschnittlichen Punktewerte haben sich wie folgt errechnet:

Errechnen des Punkteschnitts

Spieler	Gesamtpunkte	Turniere in 52 Wochen	Divisor (Turniere ⁒ Ermäßigung)	Rechengang	Punkteschnitt
S. E.	1481	17	17 – 1 = 16	1481 : 16 =	92,5625
B. B.	1590	20	20 – 2 = 18	1590 : 18 =	88,3333

Entscheidend für die Entwicklung des Punkteschnittes und die Rangfolge der beiden ist jetzt das Abschneiden im aktuellen Turnier im Verhältnis zu dem gleichen Turnier im Vorjahr. Dazu muß man wissen, wie das Turnier vor 52 Wochen ausging, **Beispiel:**
Turnier Vorjahr, 30 Sterne-Klassifizierung, 64er- Feld, Ergebnisse und Punktegutschriften:
S. E.: Sieger, 400 Punkte
B. B.: Verlierer der 1. Runde, 10 Punkte.
Jetzt 1 Jahr später, sieht das Ergebnis folgendermaßen aus:
S. E.: Sieger, 400 Punkte
B. B.: Finalist, 300 Punkte.

Dadurch ergibt sich folgendes:
Bei S. E. ändert sich nichts, denn er hat dieselbe Punktzahl, die aus der 52-Wochenperiode fällt, wieder dazugewonnen; der Divisor bleibt auch unverändert, denn er hat dieselbe Anzahl an Turnieren. Anders bei B. B.. Bei ihm verschwinden die im Vorjahr gewonnenen 10 Punkte; dafür kommen 300 Punkte dazu, das macht:
1590 - 10 + 300 = 1880 (neue Gesamtpunkte).
Sein Divisor bleibt gleich, also ergibt sich ein Durchschnitt von 1880 : 18 = 104,444.
S. E. hat ja seine 92,5625 behalten. Deshalb hat B. B. trotz seines verlorenen Spiels S. E. überholt.

Eine kurzfristige Verbesserung des Ranglistenplatzes kann auch durch Nichtantreten erzielt werden. Profis, die kurz vor Vertragsverlängerung mit Sponsoren stehen, wenden diesen Trick oft an, um ihre Verhandlungsposition zu stärken. Am besten man macht das wieder am Beispiel der beiden Spieler S. E. und B. B. deutlich. Die Ausgangsposition ist die gleiche, zur Erinnerung: S. E. hatte einen Schnitt von 92,5625 Punkten und lag damit einen Platz vor B. B. mit 88,3333 Punkten.
In dem Turnier, das 1986 für S. E. so erfolgreich ausging, schneidet er 1987 weniger gut ab; er verliert nämlich in der 2. Runde und bekommt 20 Punkte dafür. Die 400 Punkte vom Vorjahr fallen also

weg, es kommen nur 20 Punkte wieder dazu, ergibt 1101 Gesamtpunkte; der Punkteschnitt beträgt also
1101:16 = 68,8125.
B. B. hat aber ganz verzichtet, dadurch reduziert sich seine Gesamtpunktezahl um nur 10 Punkte, sein Divisor verbessert sich aber von 18 auf 17, der Punkteschnitt erhöht sich wie folgt:
1580:17 = 92,9411.
Auch auf diese Weise wurde S. E. von B. B. überholt.
Es versteht sich von selbst, daß man dieses Spiel nur begrenzt betreiben kann, denn irgendwann gleicht die Verbesserung des Divisors das Wegfallen der Punkte nicht mehr aus.

WITA - Weltrangliste

Die ca. 300 Profispielerinnen werden wie die männlichen Profis auch mit Hilfe eines Computers in einer Rangliste klassifiziert. Das geschieht im wesentlichen nach demselben Prinzip wie bei der ATP-Rangliste. Der Einfachheit halber sollen hier nur die wichtigsten Unterschiede kurz erläutert werden.
Der Gültigkeitszeitraum der Ergebnisse ist zwar auch insgesamt ein Jahr, aber nach 6 Monaten reduzieren sich die Punkte auf die Hälfte. Dadurch kann sich eine Spielerin nicht so lange auf ihren guten Ergebnissen des vergangenen Jahres ausruhen, andererseits sind die »ungereimten« Weltranglistensprünge wie sie auf Seite 94 beispielsweise beschrieben sind, nicht so leicht möglich.
Um in die Rangliste aufgenommen zu werden, muß eine Spielerin wenigstens sechs Turniere bestritten haben. Ihre Punktezahl wird dann mindestens durch zwölf geteilt.
Die Reduzierung des Teilers bei häufiger Turnierteilnahme ist allerdings nicht möglich.
Klassifiziert werden die einzelnen Turniere nach einem weniger komplizierten System als bei den Männern. Es gibt sieben Kategorien, die entsprechend der Preisgelder von Kategorie 1, für ein Preisgeld von 10000 Dollar, bis zu Kategorie 7, für ein Grand-Slam-Turnier, steigen.
In einem Turnier der 1. Kategorie können dann beispielsweise für ein Erreichen der Runde der letzten 16 dem Konto 0,125 Punkte gutgeschrieben werden.
Beim Bonus-System, das Siege über Ranglistenspielerinnen bis Platz 200 belohnt, können noch einmal 0,25 bis 44 Punkte dazugewonnen werden.
Also insgesamt sind die Unterschiede zwischen professionellen Damen- und Herrentennis nicht allzu groß. Vielleicht kann man sagen, es spielen im allgemeinen etwas weniger Damen auf etwas weniger Turnieren um etwas weniger Geld.
Als erster deutscher Spielerin, ja als erster Europäerin, gelang es

Steffi Graf am 17. August 1987, die Spitze der Weltrangliste zu erobern. Sie krönte damit die einmalige Erfolgsserie in der Saison 1987.

Grand-Prix-Punktewertung

Häufig sieht man neben den aktuellen Computer-Weltranglisten für Damen und Herren noch zwei weitere Ranglisten, die sich im einzelnen ganz erheblich von der erstgenannten unterscheiden.
Diese Ranglisten, die nach den jeweiligen Hauptsponsoren genannt werden (»Nabisco Grand Prix Bonus Point Ranking« für die Herren, »Virginia Slims Series Bonus Point Ranking« für die Damen), berücksichtigen nur die Ergebnisse der Grand-Prix- bzw. Virginia-Slims-Series-Turniere. Nach einem relativ einfachen System werden den Spielerinnen und Spielern, die an den jeweiligen Turnieren teilnehmen, Bonuspunkte zugesprochen. Die Anzahl der Punkte richtet sich nach der erreichten Turnierrunde und der Klassifizierung des Turniers. Also mit anderen Worten: je höher die erreichte Runde und je besser das Turnier, umso größer die Punktezahl. Als Beispiel ist die Einzel-Punkteliste für Herren aufgeführt.

Diese Bonuspunktewertung hat zwar bei weitem nicht die Bedeutung der ATP-Computerweltrangliste, trotzdem ist sie aber für die Profi-Spieler und -Spielerinnen interessant. Sie entscheidet nämlich über die Berechtigung zur Teilnahme an den Masters-Turnieren (siehe S. 116) und außerdem bestimmt sie die Verteilung der 3 250 000 Dollar, die z. B. 1987 an die 64 besten der Einzel-Punktewertung bei den Herren gezahlt werden.

Verteilung der Grand Prix Punkte

Erreichte Plazierung	Grand Slam	Andere 14-Tage-Turniere	Tournament of Champions	495,000 und mehr	465,000	435,000	405,000	375,000	345,000	315,000	293,400	259,500	231,000	202,500	174,000	145,500	117,000	104,900
Sieger	700	550	450	400	375	350	325	300	275	250	225	220	200	175	150	125	100	89
Finalist	500	350	298	280	263	245	227	210	192	175	157	151	140	122	104	87	70	62
3–4	350	200	180	160	150	140	130	120	110	100	90	88	80	70	60	50	40	36
5–8	200	100	90	80	75	70	65	60	55	50	45	44	40	35	30	25	20	18
9–16	100	50	45	40	37	35	32	30	27	25	22	21	20	17	14	12	10	9
17–32	50	25	21	19	18	17	16	15	13	12	11	10	10	9	7	6	5	4
33–64	25	12	-	-	-	-	-	-	-	-	-	-	-	-	-	-	-	-

Verhaltenskodex (Code of Conduct)

Der DTB hat vor kurzem eine Vorschrift herausgegeben, die als Verhaltenskodex für Turnierspieler ein vernünftiges Verhalten und Benehmen bei Turnieren gewährleisten soll. Dieser Kodex basiert auf dem sogenannten Code of Conduct der MIPTC, der wesentlich weiter und ausführlicher gefaßt ist.
Der Code of Conduct ist Teil der detaillierten Vorschriften in 13 verschiedenen Abschnitten zu allen Fragen des Turniertennis, soweit sie nicht durch die Internationalen Tennisregeln und die besonderen Vorschriften zur Abwicklung von Turnieren bereits festgelegt sind.
Im folgenden wird das Wesentliche aus den einschlägigen Bestimmungen des MIPTC-Code für Spieler (Stand 1987) zusammengefaßt und erläutert. Zutreffend sind vor allem die Abschnitte über Vergehen von Spielern auf dem Platz, schwerwiegende Vergehen und Drogenvergehen.
Der Geltungsbereich für den MIPTC-Code umfaßt praktisch alle bedeutende Herrenturniere. Zielsetzung ist, daß die Spiele in fairer Weise durchgeführt werden und daß die Spieler sich »professionell« verhalten; das ist zum großen Teil auch erreicht worden.
Die nachfolgenden Angaben beziehen sich also nur auf Profiturniere der Herren. Bei den Damen gelten sinngemäß ähnliche Regelungen. Es würde aber zuweit führen diese auch aufzunehmen.

Pünktlichkeit

Der reibungslose Ablauf eines Turniers muß im Interesse aller Beteiligten gewährleistet sein. Die Spiele sollen zum festgesetzten Zeitpunkt beginnen. Die Spieler sollen spielbereit sein, wenn ihr Match zum vorgesehenen Zeitpunkt aufgerufen wird.

Strafen

- Spieler, die 10 Minuten nach dem Aufruf nicht spielbereit sind, sollen mit einer Geldstrafe von 250 Dollar belegt werden.
- Spieler, die 15 Minuten nach dem Aufruf nicht spielbereit sind, sollen eine weitere Geldstrafe von 750 Dollar erhalten. Außerdem erfolgt Disqualifikation.

Kleidung und Ausrüstung

Das äußere Erscheinungsbild soll allgemein dem entsprechen, was von einem Spieler mit professioneller Einstellung zu erwarten ist. Im einzelnen sollen während des Wettkampfs keine Sweatshirts, T-Shirts, Gymnastikhosen, andere kurze Hosen als Tennishosen oder andere unpassende Bekleidungsstücke getragen werden.
Im internationalen Tennis gibt es für kein Turnier mit Ausnahme von Wimbledon eine Vorschrift weiß zu tragen.
Allerdings schreibt die Wettkampfordnung des DTB weiße Spielkleidung vor (siehe S. 68).

Die Spieler eines Tennisdoppels sollen im wesentlichen gleichartig gekleidet sein.
Werbeaufschriften oder -zeichen sind im Rahmen der auf Seite 69 aufgeführten Vorschriften erlaubt.

Strafen

- Bei unangemessener Kleidung, auch wenn bei Doppelpaaren der Dress nicht gleichartig ist: 250 Dollar.
- Bei Vergehen gegen die Vorschriften über das Anbringen von Hersteller-Logos: 250 Dollar.
- Bei Vergehen gegen die Vorschriften über das Anbringen von Logos von Fremdfirmen: 1000 Dollar.

Unterbrechung

Wie schon unter Wettkampfregeln (siehe S. 102) ausgeführt, muß das Match von Anfang bis Ende ohne Unterbrechung gespielt werden. Zulässig sind Unterbrechungen zwischen Ende eines Ballwechsels und nachstfolgendem Aufschlag (30 Sekunden), beim Seitenwechsel (90 Sekunden) und in besonderen Fällen nach einem dritten Satz bzw., wenn Damen mitspielen, nach dem zweiten Satz (10 Minuten). Diese Regelung gilt für Spiele im Einflußbereich des DTB. Bei Grand-Prix-Turnieren wird allerdings auch bei den Damen der dritte Satz ohne Unterbrechung weitergespielt.
Insbesondere ist es untersagt, während eines Matches ohne Erlaubnis des Schiedsrichters den Platz zu verlassen.

Strafen

- Bei Zeitüberschreitung (30-Sekunden-Regel und 90-Sekunden-Regel): Bestrafung nach der Punkteabzug-Tabelle (siehe S. 102).
- Tritt der Spieler 10 Minuten nach Ende des dritten Satzes (zweiten) nicht an: 250 Dollar.
- Ist der Spieler nach weiteren 5 Minuten nicht spielbereit: Disqualifikation.
- Verläßt der Spieler während des Matches den Platz: bis zu 3000 Dollar; zusätzlich kann er noch disqualifiziert werden.

Abbrechen des Matches

Der Spieler muß das Match beenden, außer er ist nachweislich dazu nicht in der Lage. Ein Vergehen gegen diese Vorschrift wird besonders hart beurteilt, verstößt es doch gegen die Pflicht aller Beteiligten, einen reibungslosen Ablauf der Veranstaltung zu gewährleisten.

Strafen

- Bricht ein Spieler das Match ohne vernünftigen Grund ab: bis zu 5000 Dollar; zusätzlich soll er vom Turnier ausgeschlossen werden; in schweren Fällen kann er mit einer Geldstrafe bis zu 20000 Dollar belegt werden.

Verhaltenskodex

Voller Einsatz

Nicht umsonst ist einer der wichtigsten Grundsätze, sich »professionell« in jeder Beziehung zu verhalten. Vor allem ist der Ruf aller Tennisprofis gefährdet, wenn der Eindruck entsteht, daß sich einzelne Spieler nicht immer bemühen, alles in ihren Kräften liegende zu unternehmen, um zu gewinnen. In der Praxis ist es allerdings schwierig nachzuweisen, daß jemand in einem Match nicht sein Bestes gegeben hat. In jedem Fall kann eine Verletzung des Grundsatzes sein Bestes zu geben nur vom Oberschiedsrichter und dem MIPTC-Supervisor zusammen festgestellt werden.

Strafen

- Setzt sich ein Spieler nicht nach Kräften ein, um ein Spiel zu gewinnen: bis zu 5000 Dollar; darüber hinaus soll der Spieler sofort ausgeschlossen werden; unabhängig davon kann er noch nach der Bestimmung »Unerträgliches Benehmen« mit einer Geldstrafe von bis zu 25 000 Dollar belegt werden.

Pressekonferenz

Ein Spieler muß zur Pressekonferenz nach dem Match erscheinen, ausgenommen, er ist verletzt oder sonst körperlich dazu nicht fähig, unabhängig davon, ob er gewonnen oder verloren hat.

Strafe

- Erscheint ein Spieler nicht zur Pressekonferenz unmittelbar nach seinem Match: bis zu 1000 Dollar.

Abschlußzeremonie

Die Teilnehmer an den Finalspielen eines Turniers müssen zu den Siegerehrungen und Abschlußzeremonien nach dem Match anwesend sein.

Strafe

- Nimmt ein Spieler nicht an der Abschlußzeremonie teil: bis zu 5000 Dollar.

Coaching

Bei allen Turnieren (außer Mannschaftswettkämpfen) ist Coaching, d. h. irgendwelche Beratung des Spielers untersagt.

Strafen

- Erhält ein Spieler irgendwelche fremde Beratung oder Unterstützung: Bestrafung nach der Punkteabzug-Tabelle (siehe S. 102) sowie eine Geldstrafe bis zu 5000 Dollar für jede Art von Beratung.

Hörbare und sichtbare Obszönität

Ordinäre und lästerliche Äußerungen, die übrigens durchaus kein Privileg von John McEnroe und

ähnlich unbeherrschten Weltklassespielern sind, machen einen denkbar schlechten Eindruck. Deshalb werden solche Vergehen auch, soweit sie von Schiedsrichter, Zuschauer, Linienrichter oder Ballkindern gehört werden können, streng bestraft.
Übrigens gilt die Strafandrohung nicht nur für Obszönitäten, die während eines Spiels geäußert werden. Die Forderung sich angemessen zu benehmen gilt natürlich für das ganze Turnier.
Leider sind sichtbare Obszönitäten auf unseren Tennisplätzen ebenso wie auf den Turnierplätzen der Welt keine Seltenheit. Darunter ist alles, was landläufig als obszöne oder ordinäre Geste mit Händen, Schläger oder Ball gilt, zu verstehen.

Strafen
- Für jedes Vergehen im Rahmen des Turniers: bis zu 5000 Dollar.
- Zusätzlich, wenn das Vergehen während des Matches geschieht: Bestrafung nach der Punkteabzug-Tabelle (siehe S. 102).
- In besonders schwerwiegenden Fällen: bis zu 25000 Dollar.

Mißbrauch von Bällen, Schläger oder anderen Ausrüstungsgegenständen

Gefährlich kann die Unbeherrschtheit im Umgang mit Schläger oder Ball sein. Aus Ärger weggeschossene Bälle oder in die Gegend geschleuderte Schläger haben schon zu Verletzungen bei Partnern, Gegnern und Zuschauern geführt. Aus diesem Grund scheinen die entsprechenden Strafen, die das MIPTC vorsieht, eher gering zu sein. Übrigens ist nicht nur das Werfen von Schlägern strafbar, sondern auch das Schlagen auf Boden, Netz o. ä.

Strafen
- Für unnötiges, mutwilliges und gewaltsames Schlagen, Kicken oder Werfen eines Balles: bis zu 350 Dollar.
- Für dasselbe Vergehen während eines Matches: zusätzlich Bestrafung nach der Punkteabzug-Tabelle (siehe S. 102).
- Für unnötiges, mutwilliges und gewaltsames Schlagen oder Werfen des Schlägers: bis zu 500 Dollar.
- Für dasselbe Vergehen während eines Matches: zusätzlich Bestrafung nach der Punkteabzug-Tabelle.

Verbaler und körperlicher Angriff

Der Höhepunkt der Sündenliste ist sicherlich aggressives und ungebührliches Verhalten gegenüber anderen. Glücklicherweise kommt das sehr selten vor. Bei allem Engagement mit dem heute um Sieg und Preisgeld gekämpft wird, sind doch Entgleisungen dieser Art bei dem individuellen Sport Tennis kaum zu beobachten.

Strafen

- Für abfällige, verletzende oder sonstwie beleidigende Äußerungen gegenüber Gegner, Offiziellen, Zuschauern oder anderen Personen: bis zu 5000 Dollar.
- Geschieht dasselbe während des Spiels: zusätzliche Bestrafung nach der Punkteabzug-Tabelle (siehe S. 102).
- In besonders schweren Fällen sind noch schärfere Strafen nach dem Abschnitt »Unerträgliches Benehmen« möglich.
- Die oben aufgeführten Strafen gelten auch für das ungebetene Berühren von Gegner, Offiziellen, Zuschauern oder anderen Personen.

Schlachtenbummler

Die Regelung gilt in erster Linie für die Mannschaftswettbewerbe wie Davis Cup o. ä. Im übertragenen Sinne ist es aber auch auf Einzelspiele anwendbar.

Bei einem Wettbewerb wie dem Davis Cup oder dem Federation Cup muß der beteiligte Landesverband dafür sorgen, daß das Spiel nicht durch seine Anhänger unterbrochen oder behindert wird. Ist das doch der Fall, dann muß der Schiedsrichter nach Reklamation durch den Kapitän einer Mannschaft eine entsprechende Lautsprecherdurchsage machen.

Strafen

- Das Spiel wird weiterhin gestört: Bestrafung nach der Punkteabzug-Tabelle (siehe unten).

Punkteabzug-Tabelle

In von MIPTC sanktionierten Turnieren, im Davis Cup und auch im European Cup werden bei bestimmten, vorher beschriebenen Vergehen vom Schiedsrichter die Strafen in folgender Reihenfolge verhängt:

1. Verstoß:	Verwarnung des Spielers.
2. Verstoß:	Strafpunkt; der Spieler verliert den nächsten Punkt.
3. Verstoß:	Strafspiel; der Spieler verliert das nächste Spiel.
4. Verstoß:	Ausschluß; der Spieler wird disqualifiziert, d. h., er verliert das Match.

Daraus ergibt sich, daß es beispielsweise nicht möglich ist, zweimal einen Punkt abzuziehen. Nach einem Strafpunkt ergibt sich automatisch beim nächsten Vergehen ein Strafspiel, das, wenn es zu einem ungünstigen Zeitpunkt eintritt, auch den Verlust des Satzes bedeuten kann.

Schwerwiegende Vergehen

Ansehen und guter Ruf des Tennissports und aller Beteiligten muß im Interesse der Standesvertretung MIPTC mit Hilfe von Regularien gewährleistet werden. Deshalb sind Vergehen, die das Renommee des Tennis gefährden, mit hohen Strafen bedroht.
Nach einer Verurteilung, die nur im Anschluß an eine Untersuchung durch Gremien des MIPTC erfolgen kann, können Geldstrafen bis zu 20000 Dollar und Sperren bis zu 3 Jahren ausgesprochen werden. Im folgenden sind nur die wichtigsten von den sogenannten schwerwiegenden Vergehen kurz aufgezählt.

Wetten

Kein Spieler darf auf den Ausgang eines von der MIPTC sanktionierten Turniers Wetten abschließen.

Bestechung oder ähnliche Zahlungen

Kein Spieler darf irgendetwas von Wert anbieten, geben, erbitten oder annehmen, um das Ergebnis eines Turniers zu beeinflussen.

Garantiesummen

Kein Spieler darf Geld oder anderes von Wert, gleich woher es kommt, annehmen, damit er an einem Turnier teilnimmt.

Unerträgliches Benehmen

Der Passus, der im englischen Original »Aggravated Behavior« heißt, bezeichnet verschiedene Steigerungen von schlechtem Benehmen, z. B.: Schlägerwerfen, Fluchen u. ä. oder
ein Verhalten, das den Erfolg und Verlauf des Turniers gefährdet, oder
eine Serie von zwei oder mehr Übertretungen, die jede für sich nicht zu den Vergehen zu gehören brauchen, wie sie durch diesen Abschnitt definiert sind.

Verhalten gegen die Integrität des Spiels

Unter einer derartigen Formulierung kann alles mögliche verstanden werden. Sie gibt den Verantwortlichen des MIPTC die Handhabe, alles was den Ruf der Organisation, ihrer Veranstaltungen und des Tennissports gefährdet, zu verfolgen. Im besonderen können darunter kriminelle Vergehen, Dopingfälle und anderes fallen.

Drogenmißbrauch

Ein eigener Artikel ist dem Drogenmißbrauch, wohlgemerkt nicht dem Doping, vorbehalten. Darin ist ausdrücklich der Gebrauch von Kokain, Heroin und Amphetamin verboten.

MIPTC

OFFICIAL POINT PENALTY SCORECARD

LIPC
TOURNAMENT

3./2./87 — DATE | 4th — ROUND | BERGER RUDOLF — CHAIR UMPIRE

Player(s):	NOAH, YANNICK			
DEFAULT SCHEDULE	DELAY PENALTY	CODE	SCORE	DESCRIPTION OF VIOLATION*
	WARNING	K	4/6 6/2 3/3	HE WAS NOT READY TO SERVE WITHIN 30 SECONDS.

Player(s):	KRIEK, JOHAN			
DEFAULT SCHEDULE	DELAY PENALTY	CODE	SCORE	DESCRIPTION OF VIOLATION*

CODE SECTIONS V

K. Unreasonable Delays
L. Audible Obscenity
M. Coaching
N. Visible Obscenity
O. Abuse of Balls
P. Abuse of Racquets or Equipment
Q. Verbal Abuse
R. Physical Abuse
S. Unsportsmanlike Conduct

3. 2. 87 — DATE | SIGNATURE — CHAIR UMPIRE

* Use Reverse Side for Additional Details of Violation
MIPTC Form No. 3 Revised
January 1, 1986

Beispiel für eine Liste, in der Bestrafungen nach der Punkteabzug-Tabelle festgehalten werden.

Zum Abschluß dieses Kapitels muß noch hervorgehoben werden, daß sich das Benehmen auf dem Tennisplatz, zumindest bei den Profis, in letzter Zeit erheblich gebessert hat. Das ist sicher letztendlich auf die ausführlichen Bestimmungen, bessere Ausbildung der Offiziellen und eine gute Zusammenarbeit von MIPTC, ATP und WITA (obwohl das im Damentennis nie problematisch war) zurückzuführen.

Organisation des Tennissports

Tennis wird weltweit gespielt und es wird von sehr vielen Menschen gespielt. Das verlangt eine umfangreiche Organisation, die die Belange des Sports und seiner Ausübenden berücksichtigt und die Entwicklung fördert. In der jüngsten Vergangenheit ist Tennis auch in den Mittelpunkt wirtschaftlicher Interessen gerückt. Durch die Möglichkeit der modernen Medien, insbesondere des Fernsehens, können attraktive Matches von Kontinent zu Kontinent übertragen werden. Dadurch hat Tennis insgesamt an Popularität gewonnen. Das professionelle Tennis, das schon in den 50er-Jahren entstand, erhielt erst im »Zeitalter des Fernsehens« seine wirtschaftliche Basis.

In diesem Kapitel sollen so kurz wie möglich die wesentlichen Strukturen der Sportorganisation aufgezeigt werden. Zunächst ist dabei für den aktiven Tennisspieler, der nationale Fachverband, der Deutsche Tennis Bund, das Wichtigste. Die internationale Dachorganisation für Tennis ist die Internationale Tennis Föderation mit Sitz in London und Paris. Das professionelle Tennis wird von eigenen Organisationen geführt: für die Herren das »Men's International Professional Tennis Council« und die »Association of Tennis Professional«, für die Damen das »Women's Pro Council« und die »Women's International Tennis Association«.

Deutscher Tennis Bund

Der Deutsche Tennis Bund (DTB) ist der sogenannte Spitzenverband, der die nationale Dachorganisation für Tennis in der Bundesrepublik darstellt. Er ist natürlich Mitglied im Deutschen Sportbund, der den größten organisatorischen Zusammenschluß im Sport überhaupt darstellt. Im Geltungsbereich des DTB gibt es ca. 1,6 Millionen Mitglieder, mit weiter steigender Tendenz. Diese organisierten Tennisspieler, noch einmal ungefähr gleich viele spielen »unorganisiert«, betreiben ihren Sport in ca. 5500 Vereinen. Die Vereine sind regional in 14 Landesverbänden zusammengefaßt. Diese Landesverbände bilden den Deutschen Tennis Bund.

Sitz des Tennis Bundes ist Hannover. Die Adresse der Geschäftsstelle:
Deutscher Tennis Bund e.V.
Leisewitzstr. 26
3000 Hannover 1

Zweck ist unter anderem:

- Regelung der sportlichen Beziehungen zu ausländischen Verbänden.
- Förderung des Tennissports auf gemeinnütziger Grundlage.

Mitgliedsverbände

Badischer Tennisverband
Bayerischer Tennisverband
Berliner Tennisverband
Hamburger Tennisverband
Hessischer Tennisverband
Tennisverband Mittelrhein
Tennisverband Niederrhein
Niedersächsischer Tennisverband
Tennisverband Nordwest
Tennisverband Rheinland-Pfalz
Saarländischer Tennis Bund
Tennisverband Schleswig-Holstein
Westfälischer Tennisverband
Württembergischer Tennis-Bund

Das Präsidium des DTB wird zur Zeit von Dr. Claus Stauder geführt. Zum Vorstand gehören neben dem Vizepräsidenten, dem Sportwart und dem Jugendwart noch Referenten für Damentennis, Herrentennis, Mannschaftsmeisterschaften, Seniorentennis und Schultennis. Unterstützt wird der Vorstand durch eine Anzahl von Ausschüssen und Kommissionen.

Meisterschaftsturniere

Selbstverständlich ist bei allen bedeutenden Turnieren auf deutschem Boden der DTB in irgendeiner Form beteiligt.
Unmittelbaren Einfluß hat er auf die Meisterschaftsturniere, die den Titel »Deutsche Meisterschaften« tragen.
Das sind im einzelnen:

- Die Internationalen Meisterschaften von Deutschland
- Die Nationalen Meisterschaften von Deutschland
- Die Internationalen Hallenmeisterschaften von Deutschland
- Die Nationalen Hallenmeisterschaften von Deutschland.

Die Meisterschaften werden für Damen und Herren im Einzel, im Doppel und gemischten Doppel ausgetragen. Allerdings werden manche dieser Meisterschaften nicht mehr in allen Disziplinen durchgeführt.
Junioren und Juniorinnen der Altersklasse I spielen Einzel und Doppel.
Senioren und Seniorinnen der Altersklasse I spielen Einzel, Doppel und gemischtes Doppel.
Die Klasse der Jungsenioren spielt den Deutschen Meister im Einzel und Doppel aus.
Bei den Internationalen Meisterschaften sind in der Regel viele der besten Tennisspieler der Welt, sowohl der Damen als auch der Herren, am Start. Die der Herren finden alljährlich in Hamburg, die der Damen in Berlin statt.
Internationale Hallenmeisterschaften wurden in den letzten Jahren nicht mehr ausgerichtet.
Bei den Nationalen Meisterschaften, die für Damen und Herren immer am gleichen Ort zur selben Zeit stattfinden, hat sich leider das Fernbleiben der deutschen Spitzenspieler eingebürgert. Auf diese Art ist der sportliche Wert dieser Wettbewerbe eher gering.

Mannschaftskämpfe

Ein großer Teil des Wettkampfgeschehens innerhalb des DTB ist Mannschaftssport; zunächst ist das beim Individualsport Tennis erstaunlich. Aber Wochenende für Wochenende kämpfen Tausende von Vereinsmannschaften um Punkte bei den verschiedenen Mannschaftsmeisterschafts-Runden.

Die **Meisterschaft der Vereine** werden in einzelnen Ligen ausgetragen, die regional orientiert von Kreisliga bis zur Regionalliga reichen. Der Deutsche Vereinsmeister wird bei den Herren in einer Bundesliga mit einer Endrunde, an der die vier bestplazierten Clubs teilnehmen, ermittelt. Die Damen ermitteln ihren Meister durch eine »Pokalrunde«, für die sich die einzelnen Regionalmeister qualifizieren. Die Bedingungen für die Abwicklung der Regional- und der Bundesliga sind vom DTB in eigenen Statuten festgelegt.

Die **Meisterschaften der Landesverbände** haben eine große Tradition im DTB. Schon 1921 wurden in Hamburg die **Medenspiele** ausgetragen, die damals noch die Meisterschaft der Vereine war, weil der DTB eine Vereinigung der Vereine war. Später, als 1948 der DTB nach dem Kriege als Bund der Verbände neu gegründet wurde, nahm man den Namen des ersten Präsidenten des Deutschen Tennis Bundes für die Herrenmeisterschaft der Verbände. Die anderen Wettbewerbe dieser Art tragen ebenso die Namen berühmter und verdienter Mitglieder des deutschen Tennissports.

Die Damenmeisterschaft der Verbände heißt **Große Poensgen-Spiele,** nach Dr. Poensgen, dem Gründer des Rochus-Clubs in Düsseldorf.

Die Nachwuchsmeisterschaft der Verbände wurde **Große Gottfried-von-Cramm-Spiele** zum Andenken an den Grandseigneur der 30er- und 40er-Jahre genannt. Die Mannschaften setzen sich aus vier männlichen und zwei weiblichen Nachwuchsspielern bis zum Alter von 22 Jahren zusammen.

Die Juniorenmeisterschaft der Verbände, die **Henner-Henkel-Spiele,** ist Henner Henkel, dem ehemaligen deutschen Weltklassespieler gewidmet.

Die Juniorinnenmeisterschaft der Verbände ist nach **Cilly Aussem,** der Siegerin des Wimbledonturniers 1931, benannt.

Die Seniorinnen- und Seniorenmeisterschaften der Vereine heißen **Große Schomburgk-Spiele,** nach dem Ehrenpräsidenten des DTB, Dr. Wilhelm Schomburgk.

MIPTC und WITA

Die Internationale Tennis Föderation und das Profi-Tennis

Im Jahre 1913 wurde die Internationale Tennis Föderation von zwölf Mitgliedsverbänden gegründet. Heute hat die ITF 116 Mitglieder. Tennis wird überall auf der Welt gespielt, es gehört zu den Sportarten, die wirklich international sind. Schon 25 Jahre nach dem Walter Clopton Wingfield das Tennisspiel erfunden hatte, stiftete ein junger Amerikaner einen Pokal, der international ausgespielt werden sollte: Dwight Filley Davis hob den bedeutendsten Mannschaftswettbewerb, den Davis Cup, aus der Taufe.
Eckpunkte des internationalen Tennisgeschehens waren neben dem Davis Cup von Anfang an die Internationalen Meisterschaften von England, der Vereinigten Staaten, von Australien und Frankreich. Diese vier Turniere werden auch Grand Slam genannt.
Jahrzehntelang war Tennis ein Amateursport. Die großen Spieler der Vergangenheit Tilden, Perry, Lacoste oder von Cramm, um nur einige zu nennen, verdienten zumindest offiziell kein Geld mit ihrem Sport.
Erst 1967 mit der Einführung des World Championship Tennis (WCT) änderte sich das grundlegend. Die »Handsome Eight« (Butch Buchholz, Pierre Barthes, Cliff Drysdale, John Newcombe, Niki Pilic, Tony Roche, Dennis Ralston und Roger Taylor) waren die ersten Profis, die in einer kleinen Turnierserie um Preisgeld spielten. Von da an entwickelte sich die internationale Turnierszene unaufhaltsam. Tennis traf auf einen sich ausweitenden Medienmarkt, vor allem das Fernsehen trug zur Verbreitung des Sports bei. Die günstigen materiellen Verhältnisse in den Industriestaaten schufen außerdem für immer mehr Menschen die Möglichkeit, Tennis zu spielen. In der Folgezeit versuchten verschiedene Interessengruppen, vorwiegend aus finanziellen Gründen, Einfluß auf das Profitennis zu gewinnen. Das gipfelte in einem Rechtsstreit zwischen WCT und ITF, der erst in den achtziger Jahren mit einem Vergleich endete.
Philippe Chartrier, der Präsident des Internationalen Tennisverbands, sieht die Aufgabe des Verbandes für die nächsten Jahre vor allem darin, die wachsende Kommerzialisierung in den Griff zu bekommen. Bis zum Ende seiner Amtszeit würde er gerne das Problem »Tennis und Olympische Spiele« gelöst sehen, und schließlich glaubt er, daß der Davis-Cup modernisiert und umorganisiert werden müßte. Die Verwirklichung dieser Pläne wird allgemein für möglich gehalten, schließlich sitzt er als Präsident der ITF, als Vorsitzender des MIPTC, als Mitglied im Women's Pro Council und als Prä-

sident des Französischen Tennisverbandes an den Hebeln der Macht. Ein erstes Ziel, nämlich die Zulassung von Tennis bei den Olympischen Spielen hat er scheinbar geschafft. Für 1988 ist erstmals ein Olympisches Tennisturnier vom Internationalen Olympischen Komitee beschlossen. Siehe dazu S. 121.

Men' International Professional Tennis Council (MIPTC) und Women's Pro Council (WPC)

Für das Damen- und Herrenprofitennis wurden sogenannte Councils gegründet, die im Interesse des Sports die Turniere organisieren und überwachen sollen.
Für die Damen ist das das »Women's Pro Council«, für die Herren das »Men's International Professional Tennis Council«. Darin sind jeweils drei Vertreter der Spieler, der ITF und der Turnierveranstalter.
Aufgaben und Befugnisse der Councils haben sich ständig ausgeweitet. Beispielsweise ist heute das MIPTC für folgendes verantwortlich:

- Die Organisation und Verwaltung der Grand-Prix-Turniere, der Challenger-Turniere und der Satellite-Turniere (siehe S. 118).
- Die Förderung und Abwicklung des Masters-Turniers (siehe S. 116).
- Den Einzug und die Weitergabe von nahezu 4,6 Millionen Dollar, die als Bonus am Ende des Jahres an die Spieler entsprechend ihrer Leistung verteilt werden (siehe S. 97).
- Die Verbreitung einheitlicher internationaler Regeln.
- Die Ausbildung und Zulassung von Offiziellen.
- Die einheitliche Anwendung und Durchsetzung der MIPTC-Verhaltensregeln (siehe S. 98).

Association of Tennis Professionals (ATP) und Women's International Tennis Association (WITA)

Die Association of Tennis Professionals spielt die Rolle des Betriebsrates und nimmt die Interessen der Beschäftigten, nämlich der Tennisspieler wahr.
Das Präsidium, das Direktorium und der Arbeitsstab der ATP wird von Tennisprofis gebildet. Auch so bekannte Spieler wie Mats Wilander oder John Mc Enroe engagieren sich.
Eine der wichtigsten Aufgaben der ATP ist das Aufstellen und Veröffentlichen der ATP-Weltrangliste (siehe S. 90).
Die Women's International Tennis Association ist die entsprechende Organisation für die Damen. Eine wichtige Rolle spielen hier die beiden Amerikanerinnen Chris Evert und Martina Navratilova.

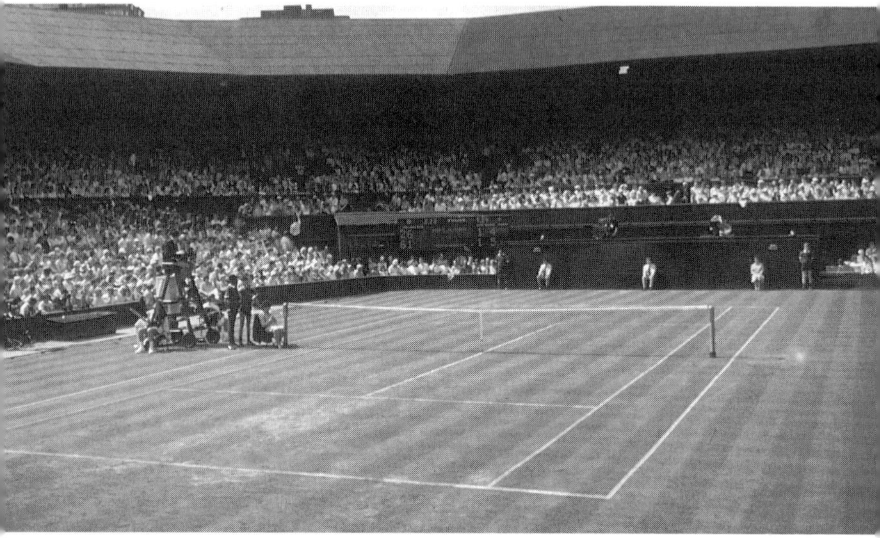

Das »Mekka des Tennis«, der Rasen des Centre Court in Wimbledon, wo die British Open »zelebriert« werden.

Roland Garros, Paris, das Stadion, in dem das größte Sandplatzturnier der Welt stattfindet, die French Open.

Tennis ist ein Wettkampfsport. Natürlich kann man auch ohne zählbares Ergebnis den Ball hin- und herspielen; aber auf Dauer macht es nur Spaß, wenn man sich mit einem Gegner mißt, und am meisten Freude bereitet es, den Platz als Sieger zu verlassen. Aus diesem Grund gibt es auch überall Turniere auf den verschiedensten Ebenen:
Gästeturniere, Jugendturniere, Seniorenturniere, Doppelturniere, Sichtungsturniere, Gauditurniere, Grand-Prix-Turniere, Satellite-Turniere usw. Die Liste ließe sich noch fortsetzen. – Auch in Ihrer Nähe gibt es für Ihre Alters- und Leistungsklasse ein passendes Turnier. Erkundigen Sie sich am besten bei dem für Sie zuständigen Landesverband im DTB (siehe S. 106).
Hier in diesem Buch soll lediglich die Profiszene näher betrachtet werden.
Tennis ist inzwischen ein Beruf geworden, der durchaus seinen Mann bzw. seine Frau ernähren kann. Der »Tennis-Zirkus« zieht das ganze Jahr rund um die Welt. Jede Woche hat der Profi Gelegenheit, ein Turnier zu spielen. Oft finden zum gleichen Zeitpunkt mehrere hochklassige Veranstaltungen statt.
Allerdings achtet das MIPTC darauf, daß kein Überangebot besteht, damit die Profitruppe sich nicht zu sehr aufsplittert. Während der Grand-Slam- und Masters-Turniere darf parallel kein anderer Wettbewerb veranstaltet werden.
Prinzipiell kann man das professionelle Tennis in die zum Circuit gehörigen Turnierwochen (in entsprechenden Preisgeldklassen, für Damen und Herren, für Einzel, Doppel und Mixed) und die großen Mannschaftswettbewerbe (Davis Cup, European Cup, Federation Cup, World Team Cup) einteilen.
Innerhalb dieser Kategorien gibt es noch eine ganze Reihe von Serien und Wettbewerben, die hier in groben Zügen dargestellt werden sollen.

Grand-Prix-Circuit

In der folgenden Tabelle werden nur die wichtigsten Turniere und Wettbewerbe im Profitennis der Damen und Herren aufgeführt.
Bewußt sind in dieser Tabelle nicht die Termine auf den Tag genau genannt. Die Turniere finden in bestimmten Wochen des Jahres statt, es können sich dadurch sowohl die Tage als auch die Monatsangabe ändern. Es geht hier also nur um eine ungefähre Einordnung im Jahresablauf.

Grand Prix

Woche	Herren	Damen	Monat
1			Januar
2			
3	**Australian Open, Melbourne**	**Australian Open, Melbourne**	
4	**Australian Open, Melbourne**	**Australian Open, Melbourne**	
5		Tokyo	Februar
6	Philadelphia		
7	Memphis	San Francisco	
8	Indian Wells	Boca Raton	März
9	Key Biscayne	Key Biscayne	
10	Key Biscayne	Key Biscayne	
11	**Davis Cup, 1. Runde**		
12	Orlando/Rotterdam	Dallas	
13	Brüssel	Washington	
14	Chicago/Mailand	Piscataway	April
15	WCT Finale, Dallas	Hilton Head	
16	Tokyo	Amelia Island	
17	Monte Carlo	Houston	
18	German Open, Hamburg	Tampa	Mai
19	TOC, New York/München	Rom	
20	Rom	Berlin	
21	World Team Cup, Düsseldorf		
22	**French Open, Paris**	**French Open, Paris**	Juni
23	**French Open, Paris**	**French Open, Paris**	
24	Queens		
25		Eastbourne	
26	**British Open, Wimbledon**	**British Open, Wimbledon**	
27	**British Open, Wimbledon**	**British Open, Wimbledon**	Juli

Turnierkalender

Woche	Herren	Damen	Monat
28	Boston/Gstaad		
29	Indianapolis/Stuttgart	Newport	
30	**Davis Cup, 2. Runde**	Indianapolis	
31	Washington/Bastad/Hilversum	**Federation Cup**	August
32	Stratton Mountain/Kitzbühel		
33	Montreal	Los Angeles	
34	Cincinnati	Toronto	
35		Mahwah	
36	**U. S. Open, New York**	**U. S. Open, New York**	September
37	**U. S. Open, New York**	**U. S. Open, New York**	
38	Genf	Tokyo	
39	Los Angeles/Barcelona	Hamburg	
40	San Francisco/ **Davis Cup, 3. Runde**		Oktober
41	Scottsdale	New Orleans	
42	Sidney	Filderstadt	
43	Tokyo/Wien	Brighton	
44	Hongkong	Zürich	
45	Paris/Stockholm	Worcester	November
46	London	Chicago	
47	Houston/Johannesburg	**Masters, New York**	
48			
49	**Masters, New York**		Dezember
50	**Masters Doppel, London**		
51	**Davis Cup, Finale**		
52			
53			

Prämien

Grand Prix ist ein rechtlich geschützter Begriff, der den offiziellen internationalen Circuit der Herren-Profi-Tennis-Turniere bezeichnet. Jedes dieser Turniere ist vom MIPTC sanktioniert. Bei allen »Großen Preisen« sind für die Spieler Geldsummen zu gewinnen, die sich nach ihrem Erfolg im Verlauf des Turniers und der Größe des Turniers richten. Die Kategorie des Turniers wiederum ist von der Höhe des ausgesetzten Gesamtpreisgeldes abhängig (siehe unten).
Zusätzlich zum Preisgeld können die Spieler noch unter bestimmten Voraussetzungen Prämien beziehen, die von den Veranstaltern bzw. vom Hauptsponsor, einem großen internationalen Konzern, (Bonus Pool, Bonus Prize Money) der Turnierreihe aufgebracht werden.

> Die im folgenden angegebenen Geldsummen sind vom Stand 1987. Sie können sich natürlich ändern, wobei in der Regel die Relationen erhalten bleiben.

Preisgeld-Prämie

Um einen Anreiz für die Teilnahme an kleineren Veranstaltungen der Grand-Prix-Reihe zu geben, erhalten die Spieler, die das Halbfinale eines regulären oder Offene-Wochen-Turniers (siehe S. 114) erreichen, folgende Prämien gezahlt:

8000 Dollar für den Sieger
4000 Dollar für den Finalisten
2000 Dollar für die Verlierer des Halbfinales.
Dieser Bonus wird zusätzlich zu dem gewonnenen Preisgeld aber vom MIPTC nach Ablauf des Turniers gutgeschrieben.

Prämien-Pool

Wirklich lukrativ wird für die Profis der Anteil am sogenannten Bonus-Pool. Der insgesamt vom Hauptsponsor ausgeschüttete Betrag ändert sich in der Regel von Jahr zu Jahr. In jedem Fall wird die Summe und die Anteile vor Beginn des Tennisjahres bekanntgegeben. Für 1987 wird der Pool bei den Herren beispielsweise 4 Millionen Dollar betragen.
3,25 Millionen Dollar stehen für die Einzelrangliste des Grand-Prix und 750 000 Dollar für die Doppelrangliste zur Verfügung.
Die ersten 64 der Einzelrangliste erhalten zwischen 800 000 und 5000 Dollar, die ersten 24 der Doppelrangliste zwischen 165 000 und 4000 Dollar.

Grand-Slam-Turniere

Der Grand Slam ist das Größte, was im Tennissport zu erreichen ist. Es bezeichnet den Gewinn der internationalen Meisterschaften von Australien, Frankreich, Großbritannien und der Vereinigten Staaten in einem Jahr. Vor kurzem

hat die Tennis-Föderation die ursprüngliche Definition verändert, indem sie den Gewinn der vier internationalen Meisterschaften hintereinander schon als Grand Slam gelten läßt. Z. B. sind danach die Bedingungen für einen Grand Slam schon erfüllt, wenn ein Spieler in einem Jahr drei Titel hintereinander und den fehlenden vierten zu Beginn des neuen Jahres gewinnt. Auf diese Art ist es Martina Navratilova 1983/84 gelungen, in den illustren Kreis der Grand-Slam-Gewinner einzutreten. Es gab nur wenige Tennisspieler, die genug Glück und Können zu einem Grand Slam hatten, Rod Laver war 1969 der letzte bei den Herren. Selbst ein Ausnahmespieler wie Björn Borg kann sich nicht mit diesem Titel schmücken.
Aber allein der Sieg bei einem einzelnen Grand-Slam-Turnier ist schon ein großartiger, prestigeträchtiger Erfolg. Dem einzigen Deutschen, dem das bisher im Einzel gelang, ist Boris Becker, er gewann Wimbledon zweimal.
Bei den Frauen hat 1987 im Juni Steffi Graf ihrer unglaublichen Karriere einen weiteren Höhepunkt hinzugefügt: sie hat als erste Deutsche die internationalen Meisterschaften von Frankreich gewonnen. Ähnliches ist vorher nur Cilly Aussem gelungen, die 1931 in Wimbledon Siegerin im Einzel war.
Die Grand-Slam-Turniere bilden eine eigene Kategorie über allen anderen des Grand-Prix-Circuits. Sie sind u. a. durch folgendes gekennzeichnet:

- Preisgeld insgesamt über 1 Million Dollar.
- Dauer 14 Tage.
- Angebot aller möglichen Wettbewerbe für Damen und Herren und Junioren.
- Teilnehmerfeld im Einzel von je 128 Spielerinnen und Spielern.
- Besondere Serviceleistungen für die Spieler.
- Weltweit keine großen Turnierveranstaltungen gleichzeitig.

Super Series

Die nächste Kategorie in der Grand-Prix-Hierarchie sind die Turniere der Super Series. Die Anerkennung als Turnier der Super Series erfolgt nur durch das MIPTC; in der Regel sind es ohnehin große Turniere mit langer Tradition. Das MIPTC achtet darauf, daß Grand-Slam- und Super-Series-Turniere gleichmäßig über das ganze Jahr verteilt sind, ohne sich gegenseitig terminlich zu beeinträchtigen. In Deutschland ist z. B. die Internationale Deutsche Meisterschaft in Hamburg ein Turnier der Super Series.

Regular Series

Die Turniere dieser Kategorie finden in derselben Woche wie ein Turnier der Super Series statt. Die

Internationalen Tennismeisterschaften von Bayern in München sind beispielsweise ein Turnier der Regular Series.

Open Week Series

Die offenen Wochen sind die Zeiten, in denen keine Turniere der Super Series oder des Grand Slam stattfinden. Findet gleichzeitig das Grand-Prix-Masters oder das WCT-Finale (siehe unten) statt, darf die für Spieler zur Verfügung stehende Summe höchstens 100 000 Dollar betragen.

Doubles Series

Für Tennisdoppel gibt es eine eigene Turnierreihe. Die Doppelspieler stehen oft etwas im Schatten der Einzel. Ganz zu unrecht, denn technisch und taktisch bieten sie oft mehr. Trotzdem ist das Publikumsinteresse wesentlich geringer als bei den Einzeln.
Die ATP führt eine eigene Rangliste für Doppelspieler. Am Ende des Jahres wird die Weltmeisterschaft der Doppelpaare in einer eigenen Veranstaltung in London ausgespielt.

Meisterschaften des Grand-Prix-Circuit

Die Geschichte des Tennissports kennt keine Weltmeisterschaften, wie sie in anderen Sportarten, z. B. Fußball, Leichtathletik o. a., abgehalten werden. Früher hatten die Grand-Slam-Turniere eine vergleichbare Funktion. Besonders der Wimbledon-Sieger wurde als inoffizieller Weltmeister bezeichnet. Durch die Einführung der ATP-Weltrangliste ist wöchentlich der Weltbeste feststellbar. Aber dieser Rang kommt ja nicht durch den direkten Vergleich der Spitzenspieler, sondern rechnerisch zustande. Deshalb verfiel man auf den Gedanken, »Championships« zu schaffen, bei denen die besten Spieler der Welt ihren Meister ausspielen. Die vier wichtigsten, das Masters, das Tournament of Champions, die WCT-Finals und die WCT-Doubles, werden hier kurz vorgestellt.

The Masters

Dieses Turnier, das den Namen des Hauptsponsors des Grand-Prix-Circuit trägt (z. Z. Nabisco), findet alljährlich in der ersten Woche des Dezember im Madison Square Garden, New York City, USA, statt. Es stellt den offiziellen Abschluß eines Grand-Prix-Jahres dar. Teilnahmeberechtigt und -verpflichtet sind die acht bestplazierten Einzelspieler und Doppelpaare der Grand-Prix-Wertung (siehe S. 97). Fällt einer der acht Spieler aus, rückt der Nächstbeste nach usw.
Diejenigen, die spielberechtigt sind, erhalten übrigens ihre Bo-

nusprämie (siehe S. 114) nur, wenn sie beim Masters antreten. Das ist einer der Hauptgründe, daß die Weltelite in seltener Eintracht versammelt ist.
Das Turniersystem ist im Laufe der Jahre häufig geändert worden. Im Moment gilt das sog. Round-Robin-System:
Das Spielerfeld wird in zwei Gruppen zu je vier Spielern eingeteilt. In Gruppe 1 die Spieler mit den Setzziffern 1, 4, 5 und 8, in Gruppe 2 die Spieler mit den Setzziffern 2, 3, 6 und 7. Die Setzliste wird entsprechend der Weltranglistenplätze festgelegt. In jeder Gruppe spielt jeder gegen jeden. Die Sieger der Gruppen sind für jeweils einen Platz in den beiden Halbfinalspielen qualifiziert. Die Gruppenzweiten werden den Ersten zugelost. Damit soll verhindert werden, daß in den letzten Vorrundenspielen »taktische« Ergebnisse provoziert werden, um dem vermeintlich stärkeren Gegner im Halbfinale auszuweichen.
Sollte in den Vorrundenspielen Punktegleichheit bei zwei oder mehr Spielern bestehen, wird die Rangfolge so ermittelt:
Der Spieler kommt weiter, der

1. die meisten Siege aufweist;
2. im direkten Vergleich gewonnen hat;
3. prozentual am meisten Sätze gewonnen hat;
4. prozentual am meisten Spiele gewonnen hat.

Die Vorrundenspiele werden »best of three«, das Halbfinale und Finale »best of five« gespielt.
Das Preisgeld wird jeweils kurzfristig festgelegt, darf aber nicht weniger als 400000 Dollar betragen.

WCT-Finals

Diese Finalspiele sind ein Überbleibsel aus der großen Zeit des World Championship Tennis (WCT). Vermutlich sind sie auch ein Teil des Vergleichs, der den Rechtsstreit zwischen MIPTC und ITF einerseits und der WCT-Organisation andererseits anfangs der 80er Jahre beendete.
Die WCT-Finals finden jeweils in der zweiten Aprilwoche in Dallas, Texas, statt.

Der Austragungsmodus ist wie bei einem normalen Turnier mit einem 16er-Feld nach dem K.o.-System. die tatsächliche Teilnehmerzahl ist zwölf, die vier erstgesetzten Spieler erhalten in der ersten Runde ein Freilos. Alle Matches werden »best of five« gespielt.
Teilnahmeberechtigt sind in erster Linie alle Gewinner eines Grand-Slam-Turniers der vorhergehenden Saison. Dann sind alle Sieger der Super-Series-Turniere und der Gewinner des Tournament of Championship (siehe folgender Abschnitt) vom Vorjahr spielberechtigt.
Sind auf diese Weise mehr Spieler als notwendig zur Verfügung, wer-

den diejenigen ausgewählt, die die höhere Anzahl an Turniersiegen haben.
Außerdem hat sich bis einschließlich der Viertelfinalspiele ein 13. Spieler als Ersatzmann bereitzuhalten.

Tournament of Champions

Dieses Turnier gehört ebenso zu den sog. Meisterschaftsveranstaltungen des Grand Prix. Allerdings unterscheidet es sich wesentlich von den anderen, denn das Feld umfaßt 64 Teilnehmer wie bei einem großen Grand-Prix-Turnier.
Berechtigt sind alle Spieler, die jemals ein Turnier mit 25000 Dollar Preisgeld oder mehr gewonnen haben. Es können sich aber auch alle anderen Spieler um die Teilnahme bemühen; Vorrang hat allerdings der oben genannte Spielerkreis, die »Champions«. Nachdem sogar eine Qualifikation mit einem 64er-Feld angeboten wird, sind die Chancen für eine Teilnahme sehr groß.

World Doubles

Für Doppelpaare wird unabhängig von der ATP-Doppelrangliste eine »Weltmeisterschaft« ausgespielt. Sie findet alljährlich in der zweiten Dezemberwoche in London statt.
Die Zulassung erfolgt nach der Summe der Plazierungen in der Doppelrangliste. Es können acht Paare teilnehmen. Wie beim Masters wird das Round-Robin-System angewendet (siehe S. 117).

Challenger Series

Diese Turnierserie faßt alle Turniere zusammen, die mindestens 25000 Dollar Preisgeld haben, aber nicht Teil des Circuits sind. Sie sind vom MIPTC anerkannt. Die Plazierungen werden mit ATP-Punkten honoriert, so daß hier für viele Spieler die Möglichkeit besteht, ihr Punktekonto aufzubessern. Die Turniere sind, wie beim Grand Prix auch, über den ganzen Erdball verstreut, haben aber mehr lokalen Charakter. Nicht zu verwechseln sind die Challenger-Series mit den Veranstaltungen des sog. Challenge Cup, die 1986 erstmals von Ion Tiriac als Showkämpfe mit Boris Becker organisiert wurden.

Satellite Series

Die letzte Gruppe der vom MIPTC sanktionierten Turniere sind die sog. Satellites. Das sind regionale Turnierserien, die von den nationalen Verbänden veranstaltet werden. Junge Nachwuchsspieler haben in diesen »kleinen« Circuits die Gelegenheit, Erfahrung und ATP-Punkte zu sammeln. Für manchen Star waren die Einzelwettbe-

werbe der Satellites Start zu einer großen Karriere. In deutschen Satellites haben sich beispielsweise Lendl oder Edberg als Sieger eingetragen.
Ein Satellite-Circuit hat vier Turniere (früher fünf), die mit einem »Masters« beendet werden. Zur Ermittlung der acht Masters-Teilnehmer wird ein eigenes Punktesystem angewendet. Weltranglistenpunkte können nur die Teilnehmer des Masters erhalten. Die Verbesserung in der Rangliste kann aber erheblich sein, denn auf den hinteren Plätzen wirken sich die Punkte, die zu gewinnen sind, mit großen Sprüngen nach oben aus.

European Cup (Kings-Cup)

Dieser Cup-Wettbewerb wird von europäischen Nationalmannschaften in der Halle während der Wintersaison ausgetragen. Bis 1985 wurde er Kings-Cup genannt, nach seinem Stifter, dem tennisbegeisterten schwedischen König Gustav V. Veranstalter ist der Europäische Tennisverband.
Die Mannschaften werden entsprechend der Vorjahrsleistung in drei Divisionen eingeteilt. Jede Division umfaßt maximal sechs Nationen. Die Division I ermittel den Cup-Sieger. Alle Spiele einer Division werden im Laufe einer Woche abgewickelt.

Innerhalb der Divisionen werden zwei Gruppen, eine blaue und eine gelbe, gebildet; in jeder Gruppe wird jeder gegen jeden gespielt. Die Sieger der beiden Gruppen spielen um den Sieg in der Division, d.h. um den European Cup bzw. um den Aufstieg in die nächste Division, die Letzten der Gruppen spielen um den Abstieg. Jede Mannschaft hat maximal vier Spieler, mindestens drei Spieler, und einen Kapitän. Die Begegnungen bestehen aus drei Spielen:
zwei Einzel und ein Doppel. Alle Matches werden »best of three« durchgeführt. Es gilt die Tie-break-Regel in allen Sätzen.

World Team Cup

Dieser erst seit 1978 ausgetragene Wettbewerb, der damals Nationscup hieß, hat einen festen Platz in der Turnier-Szene eingenommen. Austragungsort ist nach wie vor die Anlage des Rochus-Club in Düsseldorf, Termin ist im Mai. Veranstaltet wird das Ereignis von der ATP.
Ähnlich wie beim European Cup wird in zwei Gruppen gespielt. Jede Gruppe, blaue und rote genannt, hat vier Mannschaften, die innerhalb der Gruppe jeder gegen jeden spielen.
Das Finale bestreiten die Gruppenersten.
Nachdem das ausgesetzte Preis-

geld, für den Sieger vor allem, sehr hoch ist, gelingt es den Organisatoren immer wieder einen großen Teil der Weltelite in Düsseldorf zu versammeln. Ein weiterer Grund ist, daß die Spieler sich unter Turnierbedingungen auf die French Open, die auch auf Sand gespielt werden, vorbereiten können.

Davis Cup

Eines der traditionsreichsten Ereignisse des Tennissports ist der Davis Cup. In letzter Zeit wegen seines umständlichen Austragungsmodus etwas ins Gerede gekommen, ist er ein wesentlicher Teil der Tennisgeschichte. Vom 8. bis 10. August 1900 fand erstmals der Länderkampf zwischen den Vereinigten Staaten von Amerika und England um die »International Challenge Trophy« statt, die später nach ihrem Begründer »The Davis International Trophy«, kurz Davis Cup, genannt wurde. Was anfangs ein Wettkampf zwischen USA und England war, ist heute ein weltumspannendes Unternehmen mit ca. 70 teilnehmenden Nationen.
Der Sieger des Davis Cup wird im K.o.-System unter den 16 Mitgliedern der Weltgruppe ermittelt. Die Verlierer der ersten Runde spielen untereinander um den Verbleib in der Weltgruppe. Die vier Verlierer der Abstiegsrunde steigen in eine der vier Zonengruppen ab. Je nach geographischer Lage ist das die Europazone A, Europazone B, Amerikazone oder Asienzone. Andererseits steigen die Gewinner der einzelnen Zonenturniere in die Weltgruppe auf, so daß auf diese Weise die Absteiger ersetzt werden.
Ab 1988 soll für die sog. schwächeren Nationen eine eigene Gruppe gebildet werden, so daß für deren beste die Chance besteht in der Weltgruppe zu spielen.
Eine große Rolle spielt bei den Davis-Cup-Begegnungen das Heimrecht. Dabei ist die Tatsache vor heimischen Publikum spielen zu können nicht einmal das Wichtigste. Viel entscheidender ist die Möglichkeit den Bodenbelag wählen zu können. Gerade die deutsche Mannschaft war sowohl Nutznießer als auch Leidtragende dieser Regelung. Beispielsweise hat man 1970 beim Zonenfinale zwischen Deutschland und Spanien einen Betonplatz ins Düsseldorfer Rheinstadion gebaut, um Bungert und Kuhnke den Vorteil eines schnellen Belags zu geben. Die Deutschen gewannen damals dank dieses taktischen Tricks 4:1 und zogen sogar ins Finale gegen die USA ein. Ungünstiger verlief die erste Runde des Davis Cup 1987. Spanien hatte Heimrecht gegen Deutschland und wählte den extrem langsamen Platz des Real Club de Tenis in Barcelona.
Prompt gewannen Casal und Sanchez, die Sandplatzspezialisten aus Spanien gegen Becker und

Jelen die Begegnung 3:2.
Die Davis-Cup-Mannschaften bestehen aus vier Spielern und einem Kapitän. Es finden jeweils an drei aufeinanderfolgenden Tagen vier Einzel und ein Doppel statt. Die Spielerpaarungen und die Reihenfolge der Spiele wird ausgelost.
Am ersten Tag werden zwei Einzel gespielt, am zweiten Tag das Doppel und am dritten Tag wieder zwei Einzel.

Federation Cup

Der Federation Cup für Damen-Nationalmannschaften entspricht dem Davis Cup der Herren. Nachdem schon mehrere Anläufe zur Einführung eines solchen Wettbewerbs gescheitert waren, wurde aus Anlaß des 50jährigen Jubiläums der IF (International Tennis Federation) 1962 der Cup ins Leben gerufen und entsprechend benannt. Er hat sich seitdem im Damentennis etabliert. Für 1987 haben beispielsweise 45 Nationen gemeldet, es treten die weltbesten Spielerinnen an.
Der Austragungsmodus ist recht einfach. Entsprechend der Teilnehmerzahl wird ein Turnierfeld gebildet. Nach dem K.o.-System wird der Sieger während einer Turnierwoche an einem Austragungsort ermittelt.
Die Mannschaften bestehen aus drei bzw. vier Spielerinnen, die zwei Einzel und ein Doppel austragen.

Olympisches Tennisturnier

Ab 1988 ist Tennis wieder olympisch. Vor 64 Jahren bei den Olympischen Spielen 1924 in Paris war das zuletzt der Fall gewesen. Tennis gehörte zu den 10 Sportarten, mit denen die ersten Olympischen Spiele der Neuzeit 1896 in Athen bestritten wurden. 1925 fiel es dann den verschärften Amateurbestimmungen zum Opfer. 1981 beschloß das »International Olympic Commitee« (IOC) die Wiederaufnahme von Tennis ins Olympische Programm, und im Frühjahr 1987 wurden die Zulassungsbestimmungen verabschiedet. Damit ist 1988 der Weg nach Seoul zu den Olympischen Spielen frei für alle Profispieler und -spielerinnen.
Die Regelung, die von der Zulassungskommission unter Führung von Willi Daume mit Billigung der Internationalen Tennis Föderation vorgelegt wurde, und vom IOC gebilligt wurde, hat folgenden Wortlaut.

1. Dieser Vorschlag legt eine vorläufige Regelung für das olympische Tennisturnier 1988 in Seoul fest. Diese Regeln stellen ein Experiment dar; eine künftige Entscheidung über Tennis wird auf der Grundlage der Erfahrungen bei den Olympischen Spielen 1988 nach diesen Spielen getroffen.

2. Der Internationale Tennis-Verband hat dem IOC ein Qualifikationssystem zur Bestimmung der Teilnehmerzahlen zur Zustimmung vorgeschlagen, das schon früher für jeden Wettbewerb vereinbart worden ist. Diese Vorschläge sind als Anhang A festgelegt.

3. Alle Tennisspieler, die von ihrem nationalen Verband vorgeschlagen und vom zuständigen Nationalen Olympischen Komitee (NOK) nominiert werden, sind unter der generellen Verantwortung der ITF zu den Olympischen Spielen 1988 zugelassen.

4. Außer den vorläufigen Regelungen dieses Vorschlages sollen, zur größeren Sicherheit und Genauigkeit für das olympische Tennisturnier 1988, die Bestimmungen der Olympischen Charta angewendet werden, einschließlich der Regeln, die die Nationalität, das Fairplay, Gewalt und Doping betreffen.

5. Innerhalb der von der ITF festgelegten Regeln sollen die nationalen Tennisverbände dem NOK ihre Spieler zur Zustimmung vorschlagen. Alle diese Spieler müssen sowohl bei der ITF als auch beim nationalen Verband ordentliches Mitglied sein. Der Status als ordentliches Mitglied soll beinhalten, daß sie zur Teilnahme an offiziellen internationalen Mannschafts-Wettbewerben, einschließlich Davis- und Federations-Cup, bereit sind.

6. Als eine Voraussetzung für die Zulassung sollen die Spieler durch ihre nationalen Verbände mit ihren NOKs eine Abmachung treffen mit dem Ziel, unter die formale Verantwortung und disziplinarische Kontrolle des NOK zu kommen und sich den Regeln dieses NOKs für sein Olympia-Team zu unterwerfen, einschließlich der folgenden Bestimmungen:

a) Werbung an Kleidung oder Ausrüstung muß den Bestimmungen der Olympischen Charta oder auch strengeren Regeln der NOKs entsprechen, falls solche bestehen;

b) in Übereinstimmung mit der Olympischen Charta ist das NOK verantwortlich für die Akkreditierung all seiner Trainer und Betreuer seines Teams. Solche Akkreditierungen dürfen Promotern, Managern und persönlichen Beratern nicht zugänglich gemacht werden;

c) kein Spieler darf, weder direkt oder indirekt, in irgendeiner Form eine finanzielle Belohnung für seine Teilnahme am oder seine Ergebnisse im olympischen Turnier akzeptieren, es sei denn, eine solche Bezahlung ist vom NOK für das Olympia-Team festgelegt worden;

d) das NOK soll verantwortlich sein für alle Aspekte der Teilnahme als Delegationsmitglied, einschließlich Bekleidung, Reise und Unterbringung;

e) die Bestimmungen jedes Vertrages oder jeder Übereinkunft, an der ein Spieler beteiligt ist und die im Widerspruch zu den Vorschriften dieser Regeln stehen, müssen ausgesetzt werden für den Zeitraum, der wie folgt bezeichnet wird:

f) Der Zeitraum, für den diese Regeln angewendet werden sollen, ist die volle Dauer der Olympischen Spiele und die Zeit, nicht mehr als 14 Tage, die vom NOK für die Vorbereitung auf und für die Reise zu den Olympischen Spielen 1988 festgelegt ist;

g) kein Spieler, der an den Olympischen Spielen 1988 teilnimmt, soll sich an einer Tennis-Veranstaltung in Korea beteiligen, die in einem Zeitraum von zwei Wochen vor der Eröffnungszeremonie beginnt und zwei Wochen nach der Schlußfeier endet.

Austragungsmodus

Der Austragungsmodus sieht wie folgt aus:

Männer, Einzel:

64 Spieler, davon nicht mehr als drei aus einem Land. 32 Spieler sind direkt qualifiziert: je zwei aus jedem Land, das im Daviscup 1987 das Viertelfinale erreicht (insgesamt 16 Spieler), je zwei Spieler aus jedem Land, das sein Abstiegsspiel aus der Weltgruppe gewinnt (insgesamt acht), je einer aus jedem Land, das das Abstiegsspiel verliert (insgesamt vier), und je einer aus den Ländern, die sich für die Weltgruppe 1988 qualifizieren (insgesamt vier). Außerdem 24 Spieler, die sich im olympischen Qualifikationsturnier durchsetzen (acht aus Europa, sechs aus Amerika, sechs aus Asien und vier aus Afrika). Acht Wild Cards werden ferner durch den internationalen Verband (unter besonderer Berücksichtigung der Führenden der Junioren-Weltrangliste 1987) vergeben.

Frauen, Einzel:

32 Spielerinnen, davon nicht mehr als drei pro Land. 16 Spielerinnen direkt qualifiziert: je zwei aus jedem Land, das im Federation Cup 1987 das Viertelfinale erreicht; zwölf Qualifikantinnen (vier aus Europa, je drei aus Amerika und Asien, zwei aus Afrika); vier Wild Cards (unter besonderer Berücksichtigung der Führenden in der Juniorinnen-Weltrangliste 1987).

Männer, Doppel:

32 Doppel (je eines pro Land, nur nationale Doppel); 20 direkt qualifiziert: je ein Doppel aus jedem Land, das 1987 in der Weltgruppe im Davis Cup gespielt hat; dazu kommen weitere vier aus den Ländern, die sich für die Weltgruppe 1988 qualifizieren; sieben Qualifikanten (Europa, Amerika, Asien je zwei, Afrika eins); fünf Wild Cards.

Frauen, Doppel:

16 Doppel (je eines pro Land, nur nationale Doppel): acht direkt qualifiziert; je eines aus den Ländern, die das Viertelfinale des Federationcups 1987 erreichen; sechs Qualifikanten (Europa und Amerika je zwei, Asien und Afrika je eines); zwei Wild Cards.

Fachwort-Lexikon

Advantage (engl.) →Vorteil.

As Aufschlagball, den der Gegner weder erreicht noch berührt. Heute kommt im Spitzentennis, vor allem auf schnellen Bodenbelägen, ein As immer häufiger vor. Für das Spielergebnis ist es allerdings unerheblich, ob der Punkt mit einem As oder auf andere Art und Weise zustande kommt.

Band Kurzbezeichnung für die Spielfeldlinien. In der Regel bestehen auf Sandplätzen die Linien aus Plastikbändern, die in den Belag genagelt werden. Der Ball, der während des Spiels auf die Linie trifft, wird häufig mit »Band« bezeichnet.

Best of three (five) (engl. = am meisten von drei (fünf) Sätzen) Modus, nach dem der Sieger eines Matches ermittelt wird. Üblicherweise wird »best of three« gespielt, d.h., daß derjenige gewinnt, der von drei maximal möglichen Sätzen zwei gewinnt. Bei großen Veranstaltungen wird im Endspiel oder auch während des ganzen Turniers »best of five« gespielt, d.h., daß derjenige gewinnt, der von maximal fünf Sätzen drei für sich entscheidet.

Big points (engl. = große, wichtige Punkte) Diese Punkte entscheiden oft über den Ausgang des Matches. Häufig sind es Punkte, die einen Spiel- oder Satzgewinn bedeuten, aber auch →Break-Punkte oder besonders eindrucksvoll herausgespielte Punkte.

Break (engl. = Unterbrechung, Durchbruch) Bezeichnet den Verlust eines Aufschlagspiels. Im heutigen Spitzentennis ist ein Break besonders wichtig, weil es bei der allgemeinen Aufschlagstärke der Spieler oft den Gewinn des Satzes bedeutet. Deshalb ist dann das → Rebreak erstes Ziel desjenigen, der gerade sein Aufschlagspiel verloren hat.

Bye (engl. = Nebensache) Im Deutschen Rast genannt: Freilos in der ersten Runde eines Turniers. In die Spielliste wird zunächst das »Bye« zu den gesetzten Spielern eingesetzt, d.h., daß sie kampflos eine Runde weiterkommen. Mit Bye oder Rasten muß gearbeitet werden, wenn die Spielerzahl geringer ist als das Turnierfeld; treten bei einem 32er-Turnierfeld z.B. nur 28 Spieler an, müssen 4 »Bye« oder Rasten verteilt werden.

Centre Court (engl. = Hauptplatz) Auch bei uns gebräuchlicher Begriff für den Platz einer Tennisanlage, der von Lage und Zuschauerkapazität die besten Voraussetzungen bietet. Teilweise auch als →M-Platz bezeichnet.

Coach Trainer und Betreuer. Häufig haben zumindest Spitzenspieler persönliche Trainer, die neben dem Training auch für die Wettkampfbetreuung zuständig sind. Bei den Einzelturnieren ist Coaching nicht erlaubt. Es wird nach der Punkteabzugtabelle bestraft. In Mannschaftswettbewerben wie Davis Cup, Federation Cup oder Ligaspielen darf offiziell ein Betreuer auf der Bank am Spielfeldrand sitzen.

Code Vorschriftensammlung der MIPTC, die den Einsatz der Offiziellen, die Formalitäten der Turniermeldung und vor allem die Verhaltensregeln für die Aktiven (Code of Conduct) auf allen von der MIPTC sanktionierten Turnieren bestimmt.

Computer-Ranking Einstufung nach der Spielstärke mit Hilfe des Computers. Sowohl die Weltrangliste der Damen und Herren als auch die Ranglisten des DTB werden heute (zwar mit unterschiedlichen Verfahren, siehe im Kapitel Ranglisten S.89) mit dem Computer erstellt. Die Ranglisten sind Voraussetzung für den gerechten Einsatz der Spieler und Spielerinnen.

Deuce (engl.) →Einstand.

Doppelfehler Beide der zwei möglichen Aufschlagversuche sind fehlerhaft; dadurch verliert der Aufschlagende einen Punkt.

Einstand Bezeichnet den Spielstand, bei dem beide Spieler Gleichstand mindestens nach jeweils drei gewonnenen Punkten erreicht haben. Auch engl. Deuce. Nachdem zum Gewinn eines Spieles zwei Punkte Vorsprung notwendig sind, können die Spielstände Einstand, →Vorteil im Verlauf eines einzigen Spieles mehrmals vorkommen.

Exhibition (engl. = Schaukampf) Vor allem Spieler der →Top Ten spielen neben den normalen Turnieren noch sog. Exhibition. Entweder handelt es sich dabei nur um eine einzige Begegnung oder es wird mit einer Art Halbfinale gespielt. Die Spieler erhalten entsprechend ihrem Ranglistenplatz oder ihrer Attraktivität Garantiesummen unabhängig vom Spielerfolg.

Fault (engl. = Fehler) Ein fehlerhaft ausgeführter Aufschlag wird als Fehler bezeichnet. Der Aufschlagende kann einen Fehler machen und hat dann das Recht zu einem zweiten Aufschlag. Ist der zweite Aufschlag auch fehlerhaft, wird das →Doppelfehler genannt.

Footfault (engl. = Fußfehler) Berühren oder Betreten der Grundlinie oder Übertreten des Aufschlagraumes beim Aufschlag. Wird bezüglich der Punktezählung wie ein gewöhnlicher → Fehler behandelt. Der Fußfehler kommt häufig vor, wird aber leider selten geahndet.

Gewinnsätze Die Anzahl der Gewinnsätze legt fest, wieviel Sätze ein Spieler gewinnen muß, um das →Match siegreich zu beenden. Normalerweise werden zwei Gewinnsätze, bei Grand-Slam-Turnieren, im Davis Cup und in Endspielen großer Turniere drei Gewinnsätze gespielt. →Best of three, five.

Grundlinienspiel Eine taktische Variante des Spiels. Dabei bleiben der oder die Spieler weitgehend im Bereich der Grundlinie. Im Gegensatz dazu steht das →Netzspiel.

Halbfeld Ein nicht genau definierter Bereich zwischen Grundlinie und Netz, in der Nähe der Aufschlaglinie. Er hat vor allem taktische Bedeutung. Bälle, die im Halbfeld landen, ermöglichen häufig einen Netzangriff. Andererseits ist eine Position im Halbfeld oft anfällig für Passierbälle des Gegners.

Korridor Der 1,37 m breite Raum zwischen den Seitenauslinien für Einzel- und Doppelspiel. Dieser schmale, langgestreckte Streifen des Platzes wird oft für Trainingsformen verwendet. Manchmal wird auch der englische Begriff Rallye dafür verwendet.

Let (engl.) Wiederholungsball.

Love (engl. = zu Null) Bezeichnet den Spielstand, bei dem einer der Spieler keinen Punkt erreicht hat. Herkunft des Begriffes ist nicht ganz klar. Siehe dazu auch das Kapitel »Zählweise«, S. 58.

Masters Das Turnier der Meister. Sowohl im Damen- als auch im Herrentennis wird zum Abschluß der Grand-Prix-Saison ein »Masters« ausgespielt. Siehe dazu Kapitel »Turniere«.

Match (engl. = Wettspiel, Wettkampf) Bezeichnung für ein abgeschlossenes Wettspiel über entweder zwei oder drei →Gewinnsätze.

Matchball Der Punkt oder Ball, der über den Ausgang des Matches entscheidet. Eine Besonderheit des Tennis ist die unumstößliche Tatsache, daß erst nach dem Matchball das Spiel beendet ist.

Medenspiele Mannschaftswettkämpfe um die Meisterschaft der Verbände für die Herren innerhalb des Deutschen Tennis Bundes. Benannt nach dem ersten Präsidenten des Deutschen Tennis Bundes C. A. von der Meden. Fälschlicherweise wird die Bezeichnung Medenspiele oft für alle Herren-Punktspiele gebraucht, was vermutlich daher kommt, daß bis 1926 die Medenspiele ein Wettbewerb der Vereine waren.

Mixed Gemischtes Doppel, wobei je ein Paar aus einer Dame und einem Herren besteht. Eine unterhaltsame Form des Tennisdoppels, das vor allem in der Frühzeit des modernen Tennisspiels sehr beliebt war.

M-Platz Steht für Meden-Platz. Die Bezeichnung kommt vermutlich daher, daß der Hauptplatz des Clubs (→Centre Court) bis 1926 der Schauplatz für die Mannschafts-Vergleichskämpfe um die Medenspiele war.

Not up (engl. = nicht hoch) Nur in der englischen Fachsprache verwendeter Begriff für »zweimal«. D. h., der Ball wurde nicht rechtzeitig vor seinem zweiten Aufsprung am Boden geschlagen, was zum Punktverlust führt.

Offcourt (engl. = außerhalb des Platzes) Bezeichnet das Geschehen oder die Verhältnisse außerhalb des Spielplatzes.

Open (engl. = offen) Im englischen Sprachgebrauch werden die großen internationalen Turniere als »Open« bezeichnet. Die größten und bekanntesten sind die Grand-Slam-Turniere, also die British Open, die U. S.-Open, die Australian Open und die French Open. Siehe auch das Kapitel Grand Slam, S. 114.

Overruling Das Recht des Schiedsrichters Entscheidungen des Linienrichters, des Netzrichters oder des Fußfehlerrichters zu korrigieren. Heute wird diese Regel kontrovers diskutiert, weil sie häufig für Verunsicherung und Unklarheit bei Spielern und Linienrichtern führt.

Passierball Schlag, bei dem der Ball am Gegner vorbeigespielt wird. Der Passierball ist keine eigene Schlagtechnik, sondern bezeichnet eigentlich nur eine bestimmte Absicht des Schlagenden, den Gegner auszuspielen.

Platzoberfläche Es gibt heute eine ganze Reihe von Platztypen, die sich wesentlich durch Aufbau und Platzoberfläche unterscheiden. Prinzipiell kann in Tennenplatz, Hartplatz, Teppichplatz und Grasplatz eingeteilt werden.

- Zu den Tennenplätzen gehören die sog. Ascheplätze, Sandplätze, Clay-Court, Rotgrandplätze u. ä.
- Zu den Hartplätzen gehören die sog. Asphaltplätze, Betonplätze, Plätze mit Tartan oder ähnlichen Belägen.
- Plätze mit Teppichbelägen mit unterschiedlich langem Flor.
- Grasplätze sind eine eigene leider wegen ihrer Empfindlichkeit immer seltener werdende Kategorie.

Rallye Im Tennis einerseits Bezeichnung für einen längeren Ballwechsel, andererseits für den →Korridor auf dem Platz.

Rast →Bye.

Re-break (engl. = Gegendurchbruch) Ein →Break, das unmittelbar auf ein vorausgegangenes folgt. Verschafft theoretisch wieder Chancengleichheit in bezug auf die Aufschlagspiele.

Receiver (engl. = Annehmender) →Rückschläger.

Referee (engl. = Schiedsrichter) Für Veranstaltungen, die vom MIPTC sanktioniert sind, hat der Referee bestimmte Funktionen und Aufgaben, die sich von den Funktionen der anderen offiziellen Schiedsrichter, dem →Supervisor und dem → Umpire, unterscheiden. Der Referee hat vor allem Kontroll-, Organisations- und Koordinationsaufgaben. Entspricht ungefähr dem Oberschiedsrichter.

Return (engl. = Rückschlag) Bezeichnet lediglich den Schlag unmittelbar nach dem Aufschlag des Gegners.

Round-Robin-System Bestimmtes Ausscheidungssystem mit Hilfe von Gruppenspielen die Endspielpaarung festzustellen. Siehe dazu Kapitel »The Masters«, S. 116.

Schedule (engl. = Tabelle, Aufstellung) Ablaufplan für die Durchführung der Spiele.

Score (engl.) Spielstand.

Seeding (engl. = Setzen) Die Liste der Gesetzten und ihre Verteilung in der Spielliste ist für die Spieler von höchstem Interesse, entscheidet das Seeding und das damit verbundene Treffen auf bestimmte Gegner doch oft über das Fortkommen im Turnier.

Sign-in Vorgang des Eintragens in die Spielliste des Turniers. In der Regel ist dazu das persönliche Erscheinen des Spielers notwendig.

Spiel, Satz und Sieg Formel nach dem Match, mit dem der Schiedsrichter das Spiel beendet. Anschließend wird dann noch das genaue Ergebnis verkündet.

Sponsor Geldgeber, meist Firmen, die ihre Produkte durch Werbung unterstützen wollen. Das Sponsorship spielt heute eine große Rolle im internationalen Tennis, denn ohne diese Geldbeträge könnte kein Veranstalter die ungeheuren Preisgelder mehr finanzieren. Über Einzelturniere und Turnierserien hinaus werden auch einzelne Spieler, vor allem durch die Sportartikelindustrie gesponsert.

Supervisor Als Aufsicht für alle vom MIPTC sanktionierten Turniere eingesetzt. Er hat die Aufgabe zu überwachen, daß das Turnier den vom MIPTC festgelegten Regeln entsprechend durchgeführt wird. In allen damit zusammenhängenden Fragen ist er höchste Instanz.

Tie break (engl. = Unterbrechung des Gleichstands) Abweichend von der üblichen Zählweise beim Tennis wird nach einem 6:6-Gleichstand in einem Satz ein sog. Tie-break-Spiel durchgeführt, daß in numerischer Punktezählung über den Gewinn des Satzes entscheidet. Siehe dazu Kapitel Zählweise, S. 60.

Time (engl. = Zeit) Ausruf des Schiedsrichters nach 1 Minute bei einem Seitenwechsel. In weiteren 30 Sekunden muß dann der nächste Aufschlag ausgeführt sein.

Top Ten Die ersten Zehn der Weltrangliste bei den Damen und Herren.

Umpire (engl. = Schiedsrichter) Bezeichnung für den Schiedsrichter, der ein Match leitet. Dementsprechend wird der Schiedsrichter, der auf dem Stuhl sitzt Chair-Umpire und der Koordinator dieser Schiedsrichter Chief of Umpires genannt.

Unforced error (engl. = unerzwungener Fehler) Fehler, der ohne direkte Einwirkung bzw. unabhängig vom Spiel des Gegners zustandekommt. Bei Fernsehübertragungen von Tennisspielen, bei denen Statistiken geführt werden, wird häufig die Anzahl der Punkte angegeben, die ein Spieler so verliert, also kurz gesagt: die überflüssigen Fehler.

Violation (engl. = Verletzung, Übertretung) Im wesentlichen werden die Übertretungen gegen die Zeitregel (→Time-) und gegen die Verhaltensregeln (→Code-) geahndet.

Vorteil Bezeichnet den Spielstand, bei dem einer der beiden Spieler einen Punkt mehr gewonnen hat, nachdem jeder mindestens drei Punkte hatte (→Einstand). Der Begriff Vorteil ist einleuchtend, denn der nächste gewonnene Punkt für den Spieler mit Vorteil bedeutet das Spiel. In der englischen Fachterminologie wird Advantage gebraucht.

Warm-up (engl. = Aufwärmen) Für das regelrelevante Aufwärmen vor dem Spiel stehen 5 Minuten zur Verfügung.

Warning (engl. = Verwarnung) Ausruf des Schiedsrichters, wenn er den Spieler nach einem Vergehen gegen die Verhaltensregeln verwarnt. Der nächste Schritt ist auf jeden Fall mindestens ein Punkteabzug.

Winner Punktgewinn durch den Aufschlag, der vom Gegner zwar berührt, aber nicht regelgerecht zurückgespielt werden kann.

Winning Shot (engl. = Gewinnpunkt). Wird häufig für einen eindrucksvoll herausgespielten Punkt verwendet. In jedem Fall aber ist es ein Punkt, der auf Grund einer eigenen Aktion erzielt wird.

Stichwortverzeichnis

Stichwortverzeichnis